O Próximo Grande Despertar

O Próximo Grande Despertar

Um Renascimento Espiritual

Ryuho Okawa

IRH Press do Brasil

Copyright © Ryuko Okawa 2012
Título do original em inglês: *The Next Great Awakening – A Spiritual Renaissance*

Tradução para o português: Francisco José M. Couto
Edição: Wally Constantino
Revisão: Agnaldo Alves
Diagramação: José Rodolfo Arantes
Capa: Maurício Geurgas
Imagem de capa: Bando Dreamstime® Stock Photos

O material deste livro é uma compilação de vários textos de Ryuho Okawa.

IRH Press do Brasil Editora Limitada
Rua Domingos de Morais, 1154, 1º andar, sala 101
Vila Mariana, São Paulo – SP – Brasil

Nenhuma parte desta publicação poderá ser reproduzida, copiada, armazenada em sistema digital ou transferida por qualquer meio, eletrônico, mecânico, fotocópia, gravação ou quaisquer outros, sem que haja permissão por escrito emitida pela Happy Science – Ciência da Felicidade do Brasil.

1ª edição
ISBN: 978-85-64658-04-2

Impressão: Paym Gráfica e Editora Ltda.

SUMÁRIO

CAPÍTULO 1: UM DESPERTAR PESSOAL 11
Como Começou o Fenômeno das Mensagens dos Espíritos Superiores 12
O Nome Oculto de Buda e Outras Descobertas 17
A Utopia Passa da Mente Individual para a Coletiva 19

CAPÍTULO 2: POR QUE O "MUNDO REAL" NÃO É O QUE VOCÊ VÊ 25
Aprender a Verdade de Buda, e Aprender a Dizer a Verdade 25

CAPITULO 3: A VERDADE SOBRE AS VISITAS DE ALIENÍGENAS NESTA NOVA ERA ESPACIAL 35
Como os Alienígenas Chegaram à Terra 37
Os Ummitas Cruzaram a Dimensão Espiritual 39

Os Alienígenas Possuem Diferentes
Níveis de Tecnologia 42
A Alta Tecnologia Envia Mais Visitantes à Terra 43
Os Alienígenas São Cautelosos em se Mostrar 44
O Número de Visões de Alienígenas Aumentou
após a Bomba Atômica 45
Os Princípios Religiosos Ajudam a Evitar Guerras 47
A Atlântida Não Foi um Mito 48
Por que Este Momento É Crítico para os Ensinamentos
de El Cantare 49
A Grande Missão Humanitária da Happy Science 51
Os Princípios Básicos que Sustentam a
Vida na Terra 53
A Interação Cósmica Já Começou 55
Estudar as Leis do Universo 57
O Papel de El Cantare 58
Tanto a Aprender, e Tudo Está Justamente Aí 59

CAPÍTULO 4: CONVERSAS COM QUATRO ESPÍRITOS SUPERIORES 65

A Relação entre Alienígenas e Civilizações Passadas e
Presentes na Terra 66
Mensagens Espirituais de Enlil 67
Mensagens Espirituais de Confúcio 84
Mensagens Espirituais de Atena 94
Mensagens Espirituais de Rient Arl Croud 105

CAPÍTULO 5: O DESTINO DA TERRA COMO PLANETA DO AMOR 117
Nosso Lugar no Universo e a Manifestação
de um Novo Futuro 117
O Nascimento dos Espíritos Humanos e
Outras Formas de Vida 120
A Vida Primitiva... Uma Experiência... 121
Outra Utopia É Planejada, Desta Vez na Terra 124
A Origem do Grupo Espiritual Terrestre 127
Apresentação de Enlil e Lúcifer 131
A Expansão do Grupo Espiritual de El Cantare 133
A Corrupção do Grupo Espiritual Terrestre 134

EPÍLOGO 139
A Importância de Manter a Mente Aberta 139

SOBRE O AUTOR 145

SOBRE A HAPPY SCIENCE 147

CONTATOS 150

OUTROS LIVROS DE RYUHO OKAWA 157

"Amar é dar coragem,
força e esperança às pessoas que
você encontra ao longo da vida."

O Ponto de Partida da Felicidade, pág. 17.

Capítulo 1

UM DESPERTAR
PESSOAL

Era 1982. Eu estava nos meus 20 e poucos anos e acabara de ser transferido de minha residência, em Tóquio, para a sede da empresa, em Nova York, mais especificamente para o World Trade Center, na baixa Manhattan. Eu trabalhava diariamente na Wall Street, no agitado mundo financeiro internacional, com meus colegas especialistas em finanças.

Embora houvesse centenas de pessoas correndo à minha volta todos os dias, da multidão no metrô até o pessoal do escritório, nenhuma delas tinha a mínima ideia de que eu estava recebendo regularmente mensagens de Espíritos Superiores. Essas mensagens eram muitas vezes de natureza aconselhadora e, em alguns casos, até mesmo curtos vislumbres do futuro. Todas elas, porém, chegaram até mim de forma espontânea. Eu não as pedi. Francamente, não posso crer que tivesse sido escolhido para recebê-las. E certamente eu não tinha intenção nenhuma de partilhar com qualquer pessoa minhas frequentes interações com esses Espíritos invisíveis.

Então ali estava eu, vivendo duas vidas paralelas. Parecia haver uma lacuna intransponível entre a realidade da minha vida diária e os igualmente autênticos encontros espirituais que eu estava vivenciando. Às vezes eu me via na entrada do escritório da empresa me perguntando qual seria a vida mais real – as torres dos edifícios que eu podia ver e tocar, ou as vozes que eu podia ouvir em meu coração, que me diziam que eu tinha um propósito específico e que estava prestes a ser guiado para cumprir uma grande missão.

Enquanto aumentava essa divergência entre as minhas realidades, minha fé religiosa e mesmo meu senso de identidade foram sendo dolorosamente testados.

Como Começou o Fenômeno das Mensagens dos Espíritos Superiores

Tudo começou no ano anterior. Nunca esquecerei a data exata: foi na tarde da segunda-feira 23 de março de 1981. Eu ainda era estudante da Universidade de Tóquio, mas estava a poucos dias da formatura (março é o mês das

Um Despertar Pessoal

formaturas no Japão). E poucos dias depois disso – em 1º de abril – entrei para a empresa que iria me enviar para Nova York no ano seguinte.

O primeiro encontro notável que tive com os Espíritos Superiores ocorreu sob a forma de escrita automática. Eu estava sentado numa espreguiçadeira aproveitando os raios de sol do início da primavera quando repentinamente senti um calor indescritível me invadir o corpo. Instintivamente reconheci que alguma coisa ou alguém estava tentando se comunicar comigo. Lembro-me de olhar em volta em busca de algo onde pudesse escrever, e felizmente acabei encontrando um bloco de notas sem uso sobre uma mesa ali perto.

Nem bem coloquei as folhas diante de mim, uma coisa estranha aconteceu. Minha mão direita pegou um lápis por sua livre vontade e começou a escrever. Era como se minha própria mão pertencesse a outra pessoa naquele momento. As palavras que ela escreveu, em escrita japonesa, foram simplesmente estas: "Boas Novas. Boas Novas". Já descrevi minuciosamente essa ocasião em meu primeiro livro de sucesso, *As Leis do Sol*, que escrevi em 1987.

Esse primeiro ser espiritual que entrou em contato comigo, como descobri mais tarde, foi um sacerdote chamado Nikko, um dos seis discípulos do sacerdote budista Nichiren, do século 13. Essa foi apenas a primeira mensagem de muitas que recebi dele. Mas, após cerca de dez dias de comunicação com Nikko, Nichiren entrou diretamente em contato comigo. De início, ele não usou seu nome verdadeiro, mas em vez disso pegou emprestado o nome de um de seus discípulos. Porém, ficou claro para mim, logo que ele concluiu sua comunicação naquele dia, que o próprio Nichiren havia entrado em contato comigo.

    Assim se iniciou um período de frequente comunicação entre nós, enquanto Nichiren continuava a me contatar todos os dias. No começo, nossa comunicação era quase inteiramente efetuada por psicografia. Minha mão escrevia por si mesma as sentenças. Isso ainda continuou por um bom tempo. Após o início dessas mensagens, em março de 1981, elas continuaram até cerca do começo de julho desse mesmo ano.

    Mais ou menos nessa época, comecei a desconfiar que, em vez de meramente escrever, Nichiren poderia ser capaz de falar diretamente comigo. Notei que eu parecia ter pensamentos repentinos, como se alguém de fora os estivesse assoprando para mim. E então isso mudou: Nichiren, assim como outros espíritos que haviam se comunicado comigo exclusivamente pela psicografia, começou a falar por meio das minhas cordas vocais. A um observador casual, poderia parecer que eu estivesse falando sozinho, mas essa foi a maneira como iniciei conversações verbais com os Espíritos Superiores.

Olhando para trás, percebo que a coisa mais importante que aconteceu comigo nessa memorável primeira metade de 1981 foi que alcancei uma firme compreensão do Mundo Espiritual. Nesse tempo, eu pensava que já tivesse uma boa compreensão do mundo após a morte. Eu acreditava, da maneira abstrata como muita gente faz, que houvesse um Mundo Espiritual invisível, embora real. Mas então, quando comecei a psicografar e depois ver as palavras de um espírito realmente serem emitidas pela minha boca, quando me tornei capaz de transmitir mensagens espirituais, não tive escolha senão fazer uma mudança completa na minha vida, de cento e oitenta graus.

Três meses depois de minhas primeiras comunicações espirituais, comecei a receber mensagens de níveis espirituais ainda mais altos, principalmente do espírito de Jesus Cristo. Ele era extremamente poderoso e apaixonado, e enquanto eu falava com ele senti vibrações muito fortes. Também conversei com Moisés, Confúcio, Sócrates, Newton, Edison e Abraham Lincoln.

Em vez de seguir meu primeiro impulso, que era o de divulgar essas mensagens imediatamente, esperei o tempo necessário para confirmar sua autenticidade. Fiz isso reunindo todas as mensagens espirituais e investigando sua precisão histórica. Minha principal estratégia foi gravar as sessões de perguntas e respostas em fitas de áudio e verificar a consistência de seu conteúdo. Levei cerca de três anos para confirmar que cada espírito era coerente toda vez que nos falávamos. Contudo, o tempo e esforço que gastei com isso foram críticos para aumentar minha confiança na veracidade de suas mensagens e me provaram que o que eu estava recebendo dos Espíritos Superiores era autêntico.

Então, na véspera do meu trigésimo aniversário, cerca de seis anos após meus primeiros contatos com os Espíritos Superiores, cheguei a um ponto decisivo que representou uma mudança de vida. A inspiração para essa mudança veio não da minha própria consciência, mas da súbita alteração na comunicação com os espíritos. Esses mesmos espíritos que haviam me enviado todo tipo de mensagem naqueles anos, todos começaram a me apressar com mensagens como: "Agora é tempo de crescer".

Ouvindo isso, e após certa reflexão, tomei minha decisão e a comuniquei à empresa. Minha resolução nesse estágio da minha vida foi absoluta. Eu estava determinado a finalmente me manter sobre meus próprios pés e viver na Verdade.

Assim foi que estabeleci a Happy Science.

O Nome Oculto de Buda e Outras Descobertas

Deixe-me falar um pouco sobre aquilo que descobri nessas conversas com os espíritos. Eles me explicaram que o mundo em que vivemos agora com nosso corpo físico é o que se chama mundo tridimensional, que consiste nas dimensões da altura, largura e profundidade. Porém, além desse mundo tridimensional, existe também um Mundo Espiritual, que não pode ser visto a olho nu.

Como eu disse, o Mundo Espiritual, que agora compreendo que é o mundo "real", abrange muitas diferentes camadas ou etapas e circunda o nosso mundo 3-D. Essa noção de um Mundo Espiritual estruturado não é nada nova, e de fato há muito tempo é parte integrante do budismo. O que os Espíritos Superiores fizeram foi me convencer, de uma vez por todas, que isso não é simplesmente uma teoria, mas a realidade.

Hoje, poderíamos descrever o Mundo Espiritual como uma estrutura multidimensional. Posso lhe dizer que existe um total de nove dimensões no Mundo Espiritual, sendo a nona a mais alta.

Na estrutura dimensional deste outro mundo, a Nona Dimensão é a mais alta das camadas onde vivem espíritos que reencarnam na Terra como seres humanos. Na Nona Dimensão existem dez desses seres, um dos quais nasceu como Jesus Cristo e outro, como Confúcio. Cada uma das dez consciências nesta esfera mais alta desempenha um diferente papel, de amparo aos vivos e também de guia das almas em transição.

Entre eles, existe uma consciência chamada Buda Shakyamuni, que nasceu na Índia. Isso pode parecer um tanto complexo, mas essa consciência Buda Shakyamuni não é senão a personalidade que encarnou na Terra como Gautama Sidarta 2.600 anos atrás, e pregou seus ensinamentos "budistas". Em outras palavras, esta entidade foi simplesmente uma parte do corpo espiritual nonidimensional de Buda. Em diferentes épocas, Buda veio à Terra com personalidades distintas. Sua missão é sempre pregar "a lei". Deixe-me colocar isso de outra maneira: o papel dessa consciência Buda foi (e é sempre) sistematizar os ensinamentos de Deus e difundir a lei da mente para o maior número possível de pessoas. No movimento Happy Science, chamamos essa consciência de El Cantare, que vou explicar em mais detalhes ao longo do restante deste livro.

A missão de Jesus enquanto esteve na forma humana foi e sempre será pregar "amor". A missão de Confúcio foi (e sempre será) pregar "ordem e reverência" de formas que as pessoas compreendam e aceitem. Na Nona Dimensão, existe também uma consciência chamada "El

Cantare", e sua missão é continuar a ensinar a "lei" em si. Esse nome, El Cantare, foi revelado a mim desde o início. Junto com essa revelação, também me foi revelado que eu nasci dessa consciência, que minha missão era espalhar a Verdade pelo mundo afora pelo resto dos meus dias, sem falha, com a finalidade de mantê-la como consciência prevalecente entre todos os povos em todos os lugares, durante toda a minha vida.

O significado de El Cantare, como me foi dito pelos Espíritos Superiores, é "Maravilhoso Reino de Luz, Terra". Essa definição é perfeita para os objetivos do movimento religioso Happy Science, que é ajudar a criar uma sociedade utópica no planeta Terra – este maravilhoso reino de luz, que agora tem tanta escuridão sobre si.

A Utopia Passa da Mente Individual para a Coletiva

Minha ideia de um mundo utópico não é concreta. Por exemplo, não posso dizer que haverá um mundo no qual todo mundo sorria o tempo todo, e coisas assim. Ela tem muito mais a ver com a mente, com o pensamento correto, e com o amor incondicional. A utopia que advogamos é criada antes na mente. O que queremos fazer antes de tudo e o mais importante é estabelecer uma utopia na mente de cada um de nós, e então colocar isso em ação, não como raças separadas, mas como uma só espécie. Minha missão é fazer o meu melhor para transformar este mundo da Terra em um mundo ideal – para nós, e para nossos visitantes "de fora", como logo explicarei.

O reino da sétima dimensão no "Mundo Real" é um mundo habitado por pessoas que amam e nutrem as outras. É um mundo onde as pessoas ajudam-se umas às outras; elas são a incorporação do amor e da compaixão. Nossa meta é levar esse mundo até a Terra, porque, sendo envolvida por tal abundância de pessoas prestativas, amorosas e misericordiosas, toda a humanidade vai então encontrar a verdadeira felicidade. E como resultado direto disso, os povos do futuro também vão usufruir os benefícios de uma cultura tão rica e satisfatória.

Falando em termos práticos, é um mundo daquilo que chamamos "o amor que se mantém dando", ou o amor incondicional, porque será feito de pessoas que darão amor aos outros, ou que serão sempre gentis umas com as outras. Será também um mundo baseado na sabedoria, onde todos conheçam a Verdade e vivam de acordo com ela. Será um mundo constituído de pessoas que desejem aprender os ensinamentos de Buda e agir de acordo com o que aprenderem.

Outro aspecto desse mundo é a autorreflexão. Os seres humanos naturalmente cometem erros em seus pensamentos e atos. O que precisamos criar é um mundo cheio de pessoas que possam pensar profundamente sobre suas próprias ações e em suas consequências, tanto por si mesmas como pelos outros, e se arrepender de seus maus pensamentos e comportamentos. Além disso, deve ser um mundo onde as pessoas busquem o progresso e a prosperidade trabalhando juntas de maneira diligente para realizar plenamente seus ideais. Pretendemos criar um mundo como esse, onde as pessoas se encontrem e vivam em harmonia, e deem livremente amor e confiança umas às outras. Ele será construído com base nos quatro princípios em que acreditamos: amor, conhecimento, autorreflexão e desenvolvimento. Essa é a utopia que nós advogamos. Sabemos que não é algo que se possa alcançar logo de uma vez, mas ao mesmo tempo cremos firmemente que se nos empenharmos, e se nosso movimento continuar crescendo, esses ideais futuramente vão se concretizar.

Em minha busca espiritual, descobri que, na sociedade atual, quando as pessoas morrem e deixam a Terra, cerca de metade delas vão para o Inferno – um mundo de dor, como se pode imaginar. Sabendo que alguns de nossos colegas ou mesmo que nossos entes queridos podem ir para tal mundo, como podemos não fazer nada? Transformando este mundo em uma utopia, podemos evitar que eles vão para o Inferno e ainda eliminar o próprio Inferno. Assim, seremos capazes de salvar as pessoas – inclusive aquelas que já estão mortas e cujos espíritos estão no Inferno.

De fato, o Inferno é um mundo que desaparece quando a Terra se transforma em uma utopia, porque as fontes de energia do Inferno são os pensamentos de conflito e destruição que existem na mente e no coração das pessoas que estão neste planeta. Se fizermos da Terra um lugar melhor, o mundo todo se tornará esplêndido, e a luz brilhará no Inferno, afastando os aspectos infernais e dissolvendo-os para sempre. O mal então desaparecerá.

Você, caro leitor, pode nos ajudar a fazer esse ideal tornar-se realidade.

Como? Vire a página e continue nesta jornada de descoberta comigo...

"Uma sociedade ideal começa como uma imagem na nossa mente."

The Philosophy of Progress (A Filosofia do Progresso), pág. 58.

Capítulo 2

POR QUE O "MUNDO REAL" NÃO É
O QUE VOCÊ VÊ

Aprender a Verdade de Buda, e Aprender a Dizer a Verdade

Agora, eu gostaria de falar com você sobre a Verdade de Buda na Era Moderna, e dizer que ela tem a ver com a vida alienígena que existe no espaço, e com a vida que existe aqui na Terra.

Nos últimos vinte anos, eu dei inúmeras palestras e escrevi uma série de livros, mas nesses estágios iniciais evitei intencionalmente falar sobre os alienígenas e o universo, concentrando-me apenas nos ensinamentos da mente. Eu sabia que, se me aprofundasse no tema dos alienígenas, nosso número de membros em rápido crescimento teria atraído uma plateia completamente diferente. No início de nosso movimento, eu queria reunir aqueles que se dedicassem seriamente a estudar e vivenciar a disciplina da alma. Então, embora eu tenha ensinado sobre formas de vida alienígena em *As Leis do Sol*, evitei falar publicamente do assunto nos primeiros vinte e poucos anos de nossas atividades.

Contudo, se você ainda não leu *As Leis do Sol*, gostaria de comentar que o capítulo 1 descreve a gênese do universo. Lá, escrevo sobre os segredos da criação do universo, e descrevo como foram criados tanto os seres humanos quanto os espíritos humanos no planeta Terra. Descrevo também como os espíritos de diferentes planetas foram invocados tanto na forma física como na forma espiritual. Além disso, deixei deliberadamente de fora muito do que eu já sabia sobre os alienígenas e sua presença aqui na Terra e por toda a imensidão do espaço.

Hoje, no entanto, a fim de estabelecer a Verdade de Buda numa escala global e indicar aos seres humanos a maneira correta de viver, e no intuito de criar uma nova religião mundial que venha a unir todas as pessoas, quaisquer que sejam as diferenças raciais, étnicas, físicas ou ideológicas, precisamos saber o que subjaz a todas as nossas diferenças. Temos de esclarecer a origem de todas as religiões e raças, porque nossos modos de pensar são fundamentalmente diferentes, e compreender é se reconciliar. A menos que venhamos a entender nossas diferenças, não poderemos explorar adequadamente a Correta Mente, o significado da Verdade – daquilo que é realmente verdadeiro aos olhos de Deus, não daquilo que a maioria das pessoas ainda prefere acreditar que seja.

Devo admitir que, mesmo hoje, quando o número de nossos seguidores se espalhou por todos os cantos do planeta, entre os quais um crescente número de membros nos Estados Unidos, eu sei que se me concentrar muito neste tópico, a atmosfera de toda a organização irá se modificar. Porém, não há nada com que se surpreender, uma vez que a maioria de nós era originalmente de outros planetas, como vou explicar detalhadamente no último capítulo.

Estamos tratando seriamente de tornar o já naturalmente generoso coração humano acessível a um diálogo que venha a permitir que cada um de nós aceite a realidade que já descobrimos e ainda vamos descobrir sobre os assim chamados "alienígenas". É interessante notar que, em anos recentes, tem havido um grande número de filmes e programas de tevê sobre os alienígenas. Acredito que essa corrente seja uma indicação de que a nova era está se aproximando – que, finalmente, chegou o tempo de o mundo se entregar à Era Espacial e se abrir para frequentes encontros com os alienígenas. Nesta nova Era Espacial, vamos aceitar os alienígenas do espaço sideral sem preconceito nem medo. Logo estaremos em um tempo em que seremos testados em nossas reações e interações com seres do "espaço sideral", e espero que nos preparemos para esse dia.

A imigração de outros planetas e sistemas solares para a Terra não é diferente daquilo com que já estamos acostumados, isto é, da imigração de um país para outro. Por milhares de anos, muitos seres, frequentemente com diferentes valores quanto à verdade e ao amor, foram convidados a habitar ou visitar a Terra. Algumas de suas ideias deram origem a novas ideologias, mas alguns seres rejeitaram as ideologias dos outros e se aferraram solitariamente a suas próprias ideias. Para integrar essas diferenças, devemos retornar à origem desses valores. Acredito que, uma vez que o façamos, poderemos compreender e nos reconciliar uns com os outros, e trabalhar juntos para criar uma nova civilização na Terra, e uma nova relação com outros seres inteligentes.

A menos que você entenda por que suas ideias são muito diferentes das dos outros, ou por que o seu pensamento difere do de certo grupo étnico, você não conseguirá resolver minimamente as questões hoje existentes. Veja, por exemplo, o pano de fundo das guerras entre os Estados Unidos, o Iraque e o Afeganistão. As diferenças básicas são os conflitos religiosos. Recentemente publiquei *A Verdade por Trás dos Conflitos Mundiais*, por enquanto apenas em japonês. Nesse livro, exponho minhas ideias sobre esses conflitos na forma das conversas que tive tanto com o espírito de Maomé quanto com o do arcanjo Miguel[1].

O capítulo 1 desse novo livro é uma mensagem espiritual de Maomé, na qual ele explica a essência do islã. O capítulo 2 é uma mensagem espiritual do arcanjo Miguel, na qual ele esclarece a posição dos Estados Unidos. Como um debate, ambos, o arcanjo Miguel e Maomé, defendem suas ideias e as discutem a partir de pontos de vista completamente diferentes.

Lendo esses capítulos, você perceberá que as ideias deles são fundamentalmente discordantes. Mas dentro de pontos de vista conflitantes encontram-se também as sementes da unidade, e vislumbres de luz para que possamos aprender a respeitar e fundir essas diferentes perspectivas e acabar com esse impasse aparentemente intratável e insolúvel.

---

1. O arcanjo Miguel é o líder dos sete arcanjos, um grupo de espíritos que colaborou na obra de Jesus. Seu papel consiste em proteger a cristandade. Para mais informações, consulte o capítulo 6 de *As Leis da Eternidade*, de Ryuho Okawa.

Eu apenas comecei a explorar as Leis do Universo, então ainda levará tempo até que eu possa organizar essa informação, mostrar a você o quadro completo e lhe proporcionar diretrizes para a atitude correta que é necessária para seguir adiante. Neste momento, continuo minha pesquisa convidando, ouvindo e tentando compreender as ideias, os desejos e as necessidades dos diferentes povos do espaço. Nesse processo, comecei a discernir quais as ideias que parecem ser inapelavelmente contraditórias e quais têm uma base comum. Essa é uma situação complexa, pois, mesmo quando escuto alienígenas do mesmo conglomerado estelar, percebo que eles, por mais próximos que estejam, nem sempre compartilham os mesmos pontos de vista e objetivos.

Estou determinado a empregar mais tempo para aprofundar meu estudo e minha compreensão no intuito de completar as Leis do Universo. Esse é um campo em que nem o budismo, nem o cristianismo, nem o islamismo chegaram a fincar pé. Já escrevi extensamente sobre os ensinamentos básicos da mente, a Regra de Ouro de todas as religiões do mundo. Contudo, a Verdade relacionada às Leis do Universo nunca foi ensinada antes em nenhuma das maiores religiões. Atendo-se a esse campo, acredito que a Happy Science cumpre sua missão, a única completamente apropriada e necessária para a encruzilhada em que nos encontramos nesta época moderna.

Por que o "Mundo Real" Não É o que Você Vê

Desde o início do nosso movimento, tenho alertado para a importância de aceitar valores diversos. É muito mais fácil negar inteiramente os outros sem se informar sobre seus fundamentos. Quero levar tudo em consideração e partir para o estágio seguinte. Agora, estou tentando rastrear a causa dessas diferenças, descobrir o que está certo, e buscar as maneiras mais efetivas de harmonizar todos os seres vivos na Terra e além dela.

Nas duas últimas décadas, ensinei que nossa verdadeira essência não é um corpo físico, mas sim uma alma invisível. Ensinei também a existência do mundo invisível, que chamamos de Mundo Espiritual, que eu tinha afirmado que chamo de Mundo Real. Também tentei explicar a realidade da existência do Céu e do Inferno, mas não como normalmente pensamos neles, por que eles não são lugares físicos, e sim estados da mente. Embora tenhamos desenvolvido inúmeras atividades para divulgar essas Verdades, como fez Buda em sua época, muitas pessoas ainda não são capazes de aceitá-las. Apesar disso, comecei a ampliar ainda mais a estrutura dos meus ensinamentos.

Ensinar sobre o Mundo Espiritual é difícil, acredite, mas ensinar sobre o universo inteiro é uma tarefa ainda maior e mais difícil, no entanto não penso em abandoná-la. Recentemente, eu estava estudando os mapas celestes, e devo dizer honestamente que fiquei abismado com o incrível número de planetas, constelações e nebulosas que lá constam. Naquele momento, pareceu-me uma empreitada quase impossível tentar encontrar e entender os aspectos e as características de cada um deles. Porém, sempre estimulei meus seguidores a ampliar o coração e a mente, e ir além de onde parecer possível. Assim como, é claro, também eu procuro fazer. Comecei a explorá-los um a um, com o coração e a mente abertos. Ao coletar e acumular novas informações, eu começo a distinguir a Verdade, assim como um mineiro garimpa o ouro.

"Para criar uma nova cultura ou uma nova civilização, é preciso haver uma base espiritual."

The Laws of Courage (As Leis da Coragem), pág. 157.

Capítulo 3

A VERDADE SOBRE AS VISITAS DE ALIENÍGENAS NESTA NOVA ERA ESPACIAL

Nesta nova Era Espacial que se inicia, vamos inevitavelmente ter de encarar questões que a maioria das pessoas hoje acharia inimagináveis. Até agora, sempre houve guerras por questões relativas ao domínio deste planeta. Os terráqueos têm lutado incessantemente pela dominação deste mundo, numa tentativa de triunfar como "os justos". No entanto, estamos entrando agora em uma era totalmente nova, sem precedentes. Nesta nova Era Espacial, não ficaremos satisfeitos simplesmente por termos colocado um homem na Lua por um breve período, considerando-o um salto gigantesco para a raça humana. A humanidade está prestes a sair do isolamento da esfera terrestre e se lançar rumo a mundos sem limites que existem além de tudo o que já imaginamos – sim, mais ainda do que você viu nas histórias de *Guerra nas Estrelas*.

Ao olharmos além do século 21, para os próximos dois ou três milênios, vemos que o esclarecimento do universo deverá e irá se tornar a base de todas as nossas futuras decisões. Nesta era que se aproxima, seremos desafiados principalmente por duas questões: O que é Justiça nesta nova Era Espacial, e o que é Verdade? Se basearmos nossos julgamentos unicamente no que constitui a Verdade e a Justiça como as conhecemos por nossas experiências passadas, estaremos com sérios problemas, porque essas definições limitadas não mais poderão ser aplicadas.

Ainda que eu lhe diga isso agora, estou ciente de que, a despeito da vastidão do universo, do qual nosso sistema solar (o Sol e os planetas que o orbitam) é apenas um mero grão de poeira a olho nu, a maioria das pessoas neste mundo acredita que existem seres humanos – pessoas como nós – unicamente aqui na Terra.

A verdade é radicalmente diferente. Sabemos por nossas explorações, usando a tecnologia até agora disponível – sobretudo os telescópios mais modernos –, que o universo abrange miríades de galáxias e estrelas. Sabemos também que existe de fato, no vasto cosmo, um grande número de planetas com ambientes ricos em oxigênio que se assemelham à constituição biológica e química da Terra.

Se você aceita como verdadeiro o que acabei de revelar, suspendendo por ora seu compreensível ceticismo, então não lhe será difícil aceitar a conclusão lógica que se segue. A de que existem múltiplas espécies de alienígenas, alguns dos quais seguiram caminhos evolucionários semelhantes ao nosso. E de que um número desconhecido dessas espécies alienígenas migrou para cá por várias razões. Essas pessoas do espaço viajaram até nós graças ao seu nível de tecnologia, através do espaço e do tempo, vindas de planetas situados muito longe da Terra. Embora eu ainda esteja tentando ativamente compreender suas filosofias e crenças fundamentais, é indiscutível o fato de que o conhecimento científico deles é muito superior ao nosso. O abismo tecnológico entre a Terra e a maioria desses outros planetas vai de algumas poucas centenas de anos até centenas de milhares de anos.

Ainda que as cifras exatas sejam desconhecidas, existem no mínimo de dez a vinte espécies de humanoides alienígenas habitando hoje em nosso planeta, vivendo ativamente entre nós.

Como os Alienígenas Chegaram à Terra

Uma vez que todas as entidades vivas provavelmente seguem um padrão evolucionário similar, existem muitos alienígenas que são fisicamente quase idênticos aos seres humanos da Terra e virtualmente indistinguíveis dos humanos. Em um livro anterior, descrevi alguns alienígenas como tendo cabelo loiro e traços característicos nórdicos (principalmente escandinavos). De fato, existem duas espécies de alienígenas que pertencem a esse tipo, um cujo planeta natal, Ummo, fica relativamente próximo da Terra, e outro grupo cujo planeta, situado nas Plêiades, fica consideravelmente longe.

Os habitantes de Ummo se parecem notavelmente com as pessoas que vivem no norte da Europa. Ummo se situa a aproximadamente 14,5 anos-luz da Terra, então, mesmo à velocidade da luz, a viagem de lá até aqui levaria quase quinze anos. Quinze anos-luz, por acaso, é uma distância relativamente curta em termos de universo.

A segunda espécie, das Plêiades, se parece tanto com os ummitas que é difícil dizer em que elas diferem uma da outra, se isoladas dos humanos. Para se adaptarem sem serem detectados, muitos alienígenas frequentemente escolhem viver em um país onde existe uma grande variedade de raças, porque em tal mistura heterogênea, onde as diferenças são prontamente aceitas, eles não serão vistos como sendo fora do comum.

Os Ummitas Cruzaram a Dimensão Espiritual

Dada a distância entre nossos planetas, como se pode supor que os ummitas sejam capazes de viajar até aqui? O que realmente sei é que eles na verdade pegaram um atalho – passando pelo Mundo Espiritual. Contudo, o método específico de viajar através do Mundo Espiritual é diferente para cada espécie de alienígena, com base em seu nível de tecnologia. No caso dos ummitas, como eu já disse antes, se eles voassem à velocidade da luz, levariam quinze anos para chegar aqui. E ainda que os ummitas sejam capazes de viajar mais rápido que a velocidade da luz e sejam capazes de se autotransportar pelo Mundo Espiritual, eles não conseguem fazer isso de forma instantânea, diferentemente de outros.

O que significa então viajar através do Mundo Espiritual? É realmente bastante simples de entender. Imagine que o mundo tridimensional (altura, largura e profundidade) que conhecemos fosse transferido para um pedaço de papel bidimensional, digamos uma folha do tamanho padrão de 21 x 29,7 centímetros, eliminando a profundidade. Agora, mantenha essa folha lisa de papel horizontalmente em frente a você. A parte de cima do papel corresponde ao mundo físico ou o que chamo de universo tridimensional. Porque esse é o mundo que vemos, os habitantes da Terra acreditam que o mundo tridimensional, a superfície de papel, é a soma total do universo infinito e ilimitado. Agora, imagine que a superfície desse papel, esse lado de cima, seja salpicada de vários planetas, sistemas solares e galáxias. Os seres humanos têm enviado naves espaciais através de uma distância microscópica nesse "papel" para explorar Marte e Júpiter, enquanto calculam a velocidade de suas viagens.

Do outro lado do papel existe outro mundo. Na estrutura do universo, o lado de baixo corresponde a um reino espiritual em perfeito equilíbrio com o mundo físico tridimensional que repousa na superfície. Algumas pessoas chamam isso de "universo paralelo". Dizem que existe outro universo no lado oposto ao nosso, assim como o pedaço de papel que mencionei tem uma parte de cima e uma parte de baixo; ou, se o segurarmos verticalmente, um lado da frente e um lado de trás. Assim como a folha de papel que você tem nas mãos, o universo não é rígido nem fixo; inclina-se para trás e para a frente, e pode se curvar como um arco.

Agora, segurando o papel diagonalmente em vez de horizontalmente, podemos dizer que os alienígenas humanoides vivem em um planeta na margem direita do papel, e que a Terra se situa na margem esquerda. No "universo do lado oposto", quando o papel é mantido horizontalmente e arqueado, a linha que conecta as duas extremidades se torna mais curta. Quando o universo se arqueia, estes dois pontos às vezes se aproximam um do outro. Tal arqueamento ocorre em um período cíclico de vários anos – uma vez a cada poucos anos há um certo momento em que os dois planetas ficam extremamente próximos. Os ummitas utilizam esse fenômeno para visitar a Terra. Se a cronometragem deles estiver certa, eles são capazes de chegar até aqui em apenas alguns meses.

Iniciando com *As Leis do Sol*, meu primeiro livro, o qual tenho o prazer de dizer que vendeu mais de 10 milhões de exemplares ao longo desses anos, tenho escrito consistentemente sobre o que descobri serem as nove dimensões da existência do universo. Relatei também que o Mundo Espiritual se estende da quarta dimensão até a nona dimensão. Há outras dimensões, mas a nona dimensão é o mais alto domínio que as almas humanas podem alcançar. As consciências da Décima Dimensão são consciências planetárias, e aquelas da décima primeira dimensão são Consciências Estelares. Mais adiante, porém, no último capítulo deste livro, voltarei a esta discussão sobre o universo multidimensional. Por ora, gostaria de explicar apenas que a tecnologia ummita permite que eles se movimentem apenas até a quarta ou quinta dimensão. Utilizando o "código de acesso" que descrevi anteriormente, os ummitas podem chegar à Terra em questão de meses no menor período de tempo, e em cerca de quinze anos no maior período.

Os Alienígenas Possuem Diferentes Níveis de Tecnologia

Então como os ummitas e outros alienígenas fazem para viajar pelo Mundo Espiritual? Para isso, eles precisam mudar de sua forma física para uma essência espiritual de outro mundo. Este princípio é baseado na relação entre matéria e antimatéria. É claro que, como nos mostram as imutáveis leis da física, tudo neste mundo é baseado em princípios complementares (por exemplo, *yin-yang*). A antimatéria é uma oposição à matéria, e um antiuniverso está em oposição ao universo em que vivemos. Mudar da matéria para a antimatéria permite a uma criatura mover-se pelo Mundo Espiritual.

Esse princípio ainda não é completamente compreendido na Terra, mas estamos fazendo progressos. Por exemplo, estão sendo feitas pesquisas para produzir uma "bomba de plasma", que deve suceder tanto a bomba atômica quanto a bomba de hidrogênio. Baseadas na teoria dos buracos negros, essas pesquisas postulam que a transformação da matéria em antimatéria libera uma forte energia destrutiva.

Com sua habilidade em se mover do mundo físico para o Mundo Espiritual, os ummitas usam uma tecnologia muito mais avançada do que essa bomba de plasma. Porém, apesar da habilidade deles para se transportar através do Mundo Espiritual, os ummitas ainda têm uma extraordinária dificuldade para se rematerializar. Se eles falharem no controle do tempo ou do local de aterrissagem, correm o risco de se chocarem com um planeta ou de se rematerializarem dentro do magma. Esse tipo de acidente pode ser nocivo, senão letal, e geralmente representa um difícil desafio.

Existem muitas espécies alienígenas que usam tecnologia de transporte bem mais avançada do que a dos ummitas. Alguns alienígenas conseguem completar a viagem à Terra vindos de locais mais afastados em tempo mais curto. Esses alienígenas parecem viajar além da quinta dimensão, através de dimensões mais altas. Da oitava até a nona dimensão, os Mundos Espirituais de todos os planetas estão direta e universalmente interligados, de modo que, quando alguém viaja através da oitava dimensão, tanto a distância quanto o tempo de viagem diminuem significativamente.

A Alta Tecnologia Envia Mais Visitantes à Terra

O número de outras espécies que chegam a este planeta vindo de qualquer outro planeta de fora do nosso sistema solar depende de seu correspondente nível de ciência e tecnologia. As espécies mais atrasadas em tecnologia permanecem em pequeno número aqui e atuam cautelosamente. Por outro lado, as espécies que detêm uma tecnologia mais avançada têm tido facilidade para aumentar seu número e tornar-se um grupo dominante aqui na Terra. Em termos numéricos, os alienígenas que são observados com mais frequência são os *greys* ("cinzentos"), que têm aproximadamente 1,20 metro de altura. Não apenas eles formam a maior população de alienígenas aqui, mas, como se esperava, são tecnologicamente muito avançados. O número de *greys* na Terra é muito maior do que o número de alienígenas "humanoides". Por exemplo, o número de visitantes ummitas no planeta em qualquer época varia de 18 a 80, enquanto o número de *greys* é exponencialmente maior. Porém, ainda que os *greys* ultrapassem em número as outras espécies humanoides na Terra, houve outras espécies que chegaram em grande número, às quais voltaremos a comentar mais adiante.

OS ALIENÍGENAS SÃO CAUTELOSOS EM SE MOSTRAR

Quando viajam para qualquer lugar do universo, os alienígenas estão constantemente entrando e saindo deste mundo físico tridimensional, o que significa que suas espaçonaves muitas vezes se tornam visíveis a olho nu ou são detectáveis por radares. No entanto, quando os alienígenas percebem perigo, viajam imediatamente de volta ao Mundo Espiritual, tornando impossível rastreá--los ou montar um ataque contra eles. As espaçonaves são feitas de materiais muito frágeis, por isso os alienígenas são acertadamente cautelosos. Se eles fossem atacados de surpresa por um míssil enquanto estivessem no mundo físico, suas naves provavelmente se despedaçariam.

Tanto quanto suas naves, o corpo físico dos alienígenas humanoides também é frágil. O corpo deles não é muito diferente do nosso. Se eles forem violentamente atacados por uma força poderosa, também eles estarão sujeitos a ferimentos e mesmo à morte. Os alienígenas menores que os seres humanos, em particular, como aqueles mencionados antes, que têm apenas cerca de 1,20 metro de altura, estariam em grave perigo se sofressem um ataque. Naturalmente, eles carregam armas para se proteger, mas ainda assim são bastante vulneráveis, o que compreensivelmente faz com que tenham receio de se exibir para nós.

O Número de Visões de Alienígenas Aumentou após a Bomba Atômica

A Terra ainda não está ciente disso, mas existe uma espécie de "Tratado Galático" em nosso universo que estabelece que os visitantes de um planeta não devem intervir na civilização do planeta visitado nem interferir na sua evolução. Os alienígenas de todos os planetas são, na maior parte, respeitosos com essa "regra da não interferência". Embora eles tenham vindo à Terra para realizar vários tipos de pesquisas e possam ocasionalmente ser vistos se intrometendo em nossos assuntos, estão basicamente impossibilitados de interferir nas questões fundamentais deste planeta. Porém, há exceções a esse regulamento. Uma cláusula desse tratado permite a intervenção nos assuntos de outro planeta sob certos parâmetros, tais como a deflagração de uma guerra entre habitantes nativos que estejam ameaçando destruir a civilização do planeta.

Há uma quantidade significativa de atividade sendo levada a cabo agora de acordo com essa cláusula. Como se sabe, em 1945 os americanos lançaram bombas atômicas em Hiroshima e em Nagasaki, levantando altas nuvens tóxicas em forma de cogumelo, matando ou ferindo seriamente centenas de milhares de vítimas inocentes. Dois anos após esse evento, houve relatos oficiais de que um óvni fez uma aterrissagem forçada no estado americano do Novo México, no que foi chamado de "Incidente Roswell". Não é por coincidência que, a partir de 1947, têm aparecido óvnis com muito mais frequência do que nunca na Terra. Com o aumento das pesquisas com bombas atômicas e de hidrogênio nos anos 1950 e 1960, aumentou bastante o número de aparições de óvnis. O influxo de óvnis também coincidiu com a primeira vez que a humanidade se lançou no espaço sideral e nossa subsequente viagem à Lua. Esses acontecimentos marcaram nossa entrada oficial na Era do Espaço.

Durante esse período, como também se pode recordar, quatro guerras irromperam no Oriente Médio, entre 1948 e 1973, e foi aventada a possibilidade do uso de armas nucleares. Também se disse, durante a Guerra Fria entre os Estados Unidos e a União Soviética, que seriam utilizadas armas nucleares, as quais poderiam ter levado a um "inverno nuclear" que significaria o fim da civilização. Durante esses tempos turbulentos, houve muitas aparições de óvnis e de alienígenas. Estava claro que eles estavam se dando o direito de intervir gradualmente nas atividades da Terra, uma vez que elas eram uma ameaça à própria existência do nosso planeta. Hoje, nós ainda estamos em estado de crise; se uma guerra maior estourar e os seres humanos começarem a usar novamente armas nucleares, os alienígenas irão aparecer ainda com mais frequência e em número maior do que nunca.

Os Princípios Religiosos Ajudam a Evitar Guerras

Para os alienígenas, os povos da Terra parecem extremamente destemperados e facilmente irritáveis quando provocados. Eles acreditam que gastamos a maior parte de nosso tempo, dinheiro e energia em lutas e guerras. Certamente nossa história passada parece corroborar essa reputação, já que tem havido uma longa sequência de massacres e matanças na Terra. Essa característica impetuosa de nossa natureza humana é neutralizada em parte pelos ensinamentos cristãos do amor, assim como pelas filosofias budistas de harmonia. Esses ensinamentos, que incluem ensinamentos de compaixão e o caminho do meio, diminuem o número de nossos conflitos terrestres comuns. Muito provavelmente, uma destruição total da Terra pode ser evitada enquanto os princípios religiosos do mundo tiverem efeito, mas a situação se torna precária quando cessam os efeitos da religião.

A Atlântida Não Foi um Mito
Há quem diga que a história de Sodoma e Gomorra citada no Velho Testamento é um relato de uma guerra nuclear, e há relatos similares na poesia épica da Índia antiga. Essas e outras evidências nos levam a crer que as armas de destruição em massa existiram em tempos antigos. Na verdade, muitas civilizações da Terra foram eliminadas por tais guerras. Não é segredo que, ao longo da história, tem havido ocasiões em que os seres humanos têm destruído a existência de outros seres humanos, tal como a

destruição das civilizações egípcia, inca e maia. Grandes catástrofes naturais também têm ocorrido, como a submersão de continentes, quando civilizações inteiras foram levadas pela água, tendo algumas delas, como a Atlântida, alcançado um *status* mítico.

Por que Este Momento É Crítico para os Ensinamentos de El Cantare

A humanidade entrou em uma era em que todas as civilizações estão sujeitas à extinção devido ao potencial uso de armas perigosas atualmente controladas por uns poucos. A menos que as pessoas consigam um governo respeitoso, baseado em uma filosofia e em ensinamentos corretos, e possam aprender a viver em harmonia umas com as outras, os três cenários seguintes são possíveis:

1. Os seres humanos vão se aniquilar uns aos outros pelo uso de bombas nucleares, armamentos químicos e outras armas terríveis.
2. Os continentes vão submergir ou outras grandes catástrofes naturais vão ocorrer, e a superfície da Terra será varrida.
3. Os alienígenas de uma civilização superior se infiltrarão maciçamente na Terra, temporariamente, com o objetivo de confiscar nossas armas de destruição em

massa. Isso é semelhante às ocasiões em que forças dos Estados Unidos ou das Nações Unidas ocupam temporariamente um país que se envolveu em alguma guerra.

Qualquer um desses três cenários é assustador. Mas estou aqui para lhe dizer que existe um quarto e muito preferível cenário:

4. O quarto cenário indica que, por meio dos ensinamentos de uma religião de escala global, podemos colocar um fim na desavença e no ódio entre as pessoas, cessando todo tipo de luta e unindo a raça humana.

Meu movimento espiritual e religioso, a Happy Science, tem se dedicado a atividades globais para trazer à tona e colocar em prática essa quarta opção. No momento, não há nenhuma alternativa viável para ajudar a superar esses grandes e iminentes perigos.

Algumas pessoas acreditam que a humanidade pode e deve se unir sob a bandeira do cristianismo, mas essa noção já causou muitas guerras. Mesmo hoje, há uma guerra entre os adeptos da religião cristã e da muçulmana. Esse conflito parece fadado a continuar por algum tempo. É improvável que um lado tenha sucesso erradicando as crenças do outro. A razão é que ambos os ensinamentos são unilaterais, e é impossível para um lado incluir o outro.

Portanto, o que necessitamos com urgência é de uma filosofia que possa unificar ideologicamente as populações cristãs, muçulmanas e judaicas, assim como as populações de outras religiões, eliminando as causas dos conflitos. Essa filosofia unificada deve ser altamente flexível, receptiva e capaz de convencer a todos de que é o sistema de crenças certo para eles e para o bem maior. Deve ser um novo ensinamento, que incorpore todas as várias filosofias que têm prevalecido através da história.

Essa é exatamente a espécie de filosofia atualmente ensinada por El Cantare.

A Grande Missão Humanitária da Happy Science

Cerca de 80% ou 90% da população japonesa sabe quem eu sou, mas da população mundial de 7 bilhões de pessoas atualmente, fico imaginando quantas pessoas se devotarão aos nossos ensinamentos enquanto eu viver. Enquanto nossa organização for pequena e fraca, haverá um longo caminho a percorrer até que a população do mundo se dedique aos ensinamentos da Happy Science. Porém, porque a atenção dada à nossa missão ainda é baixa nos países estrangeiros, estamos trabalhando cada vez mais diligentemente para nos assegurar de que isso seja remediado.

Sabemos que, dentro dos próximos cem ou duzentos anos, se não tivermos feito mudanças significativas aqui na Terra, vamos ter de encarar os perigos iminentes que já mencionei. No período de tempo até que chegue esse dia, os ensinamentos da Happy Science de amor incondicional e uma atitude mais atenta e informada da Cidadania Universal deve crescer o suficiente para evitar a ocorrência de qualquer uma dessas catástrofes. É preciso admitir que a força terrena da Happy Science ainda está longe de ser substancial. Em comparação com as religiões de dois mil anos, nossa influência ainda é insignificante. Mas nossa missão é ampla e interminável.

A Happy Science tem um magnífico destino a cumprir, e nós o cumpriremos, porque os ensinamentos de El Cantare contêm princípios que nortearão as pessoas por 2 ou 3 mil anos no futuro.

Entretanto, nos próximos cem ou duzentos anos, estas três crises potenciais – as guerras, as catástrofes naturais e a intervenção de seres extraterrestres – estarão afrontando a humanidade. A questão é: Como podemos nos preparar, evitar ou superar sua iminente ocorrência?

Os Princípios Básicos que Sustentam a Vida na Terra

Graças ao "Tratado Galático", os alienígenas estão limitados em sua interferência nos assuntos terrestres. Enquanto os terráqueos mantiverem a paz entre eles e não parecerem estar na iminência da autoaniquilação, como parece claramente possível agora, estaremos livres para viver nossa vida normalmente. Se os humanos não forem capazes de conseguir a paz entre eles, haverá uma intervenção de uma maneira como nunca imaginamos. Em face do estado de guerrilha, do aumento do terrorismo e dos infindáveis conflitos internacionais, uma ou mais espécies de alienígenas podem sentir que não têm escolha senão pôr um ponto final nos perigos globais. E dado que eles são tecnologicamente bem mais avançados, não será difícil para eles fazer isso.

Existem diferentes níveis de civilizações entre os seres humanos, algumas com disparidades comportamentais de mais de 10 mil anos. Por exemplo, alguns países, entre os quais os Estados Unidos, estão lançando satélites e foguetes para o espaço sideral, enquanto outros países ainda têm pessoas se alimentando de insetos das árvores e vivendo em barracos de lama.

Esse mesmo tipo de enorme disparidade existe entre os alienígenas e os seres humanos. Porém, os alienígenas que visitam ou habitam a Terra não são homogêneos. No momento, há mais de dez espécies diferentes de alienígenas aqui na Terra, o que nos leva a outro desafio. Assim como existe diversidade de opiniões na Terra, também há diversas maneiras de pensar e de se comportar entre as várias espécies alienígenas.

Um aspecto comum é que cada planeta tem seu próprio Líder Supremo, que ensina princípios de orientação para seu planeta específico. No entanto, uma vez que o processo evolucionário difere de planeta para planeta, as regras desses ensinamentos podem diferir substancialmente. O desafio é tentar compreender melhor as diferenças entre esses modos de pensar, e alinhar os seres humanos e os alienígenas de modo que todos nós possamos viver em harmonia. Essa é uma tarefa difícil, mas chegou o tempo de a população da Terra desempenhar o papel principal na decisão de quais princípios orientadores universais devem ser adotados para dar a melhor forma para o futuro progresso da humanidade como espécie interplanetária. Uma vez que outros planetas desenvolvem caminhos diferentes dos da Terra, não podemos simplesmente aplicar à vida na Terra práticas culturais e crenças que as espécies alienígenas trouxeram com elas.

Em outras palavras, precisamos determinar exatamente que tipo de princípios queremos que nos norteiem.

A Verdade sobre as Visitas de Alienígenas

A Interação Cósmica Já Começou

Entre os alienígenas humanoides, os ummitas estão atrás dos *greys* em termos de ciência e tecnologia, de modo que, se por alguma razão eles entrassem em guerra, os *greys* facilmente os venceriam. Entre os alienígenas do espaço que vivem hoje na Terra, há tanto selvagens alienígenas em forma de répteis como alienígenas com corpo tremendamente grande, que atinge os 3 metros de altura.

Entre as espécies alienígenas retratadas em *Guerra nas Estrelas*, há seres peludos gigantescos – por exemplo, o Wookiee Chewbacca, que parecia um gigante usando uma felpuda fantasia de urso. Chewbacca e outros personagens tiveram como modelo, na realidade, mesmo inconscientemente, alienígenas que já estiveram na Terra. Também existem alienígenas que parecem polvos. Além dos alienígenas que não se parecem nem um pouco conosco, há também vários com aparência quase exatamente igual à nossa. Em alguns casos, é um processo evolucionário que resultou de frequentes visitas à Terra desde a época de nossos antigos ancestrais.

Os extraterrestres que imigraram para a Terra nem sempre viajam na forma física. Muitos deles vieram na forma de corpos espirituais. Mas é difícil para as almas alienígenas encarnar direto em um corpo humano terrestre, de modo que eles primeiro adotam como morada um corpo humano vivo. Isso é conhecido como "entrada direta". O mecanismo de entrada direta é similar àquele da possessão espiritual. Quando um mau espírito entra em um corpo humano, isso é chamado "possessão". Alguns alienígenas podem chegar como espíritos e tomar emprestado o corpo de outras pessoas, coexistindo com os indivíduos cujo corpo eles estão compartilhando – sem que o humano se dê conta de que outra entidade adotou seu corpo como morada. Nessa situação, as almas alienígenas acham mais fácil entrar no corpo de uma pessoa se a pessoa perder a consciência ou se ferir em um acidente e estiver medicada contra a dor ou pesadamente sedada. A razão para que essa possessão espiritual aconteça com frequência com quem vive sozinho em áreas remotas, sobretudo em áreas rurais e com pessoas racialmente diferentes, é que, mesmo que a alma desse indivíduo sofra uma mudança súbita e radical, pouca gente, talvez ninguém, notará – o que, nesse estágio, é o que os alienígenas querem.

Existem mais maneiras de um alienígena tomar emprestada a alma e viver no corpo de outro ser vivo do que se pode imaginar. Como eu já disse, essa "entrada direta" é uma espécie de possessão espiritual, um sequestro de corpo. Quando a pessoa morre, o alienígena toma as experiências e lembranças que adquiriu do ser humano, e em sua vida seguinte entra no útero da mãe para renascer como ser humano. Isso significa que a interação com o universo já está em andamento, embora o processo seja normalmente invisível a nós, o que o torna, assim, extremamente difícil de controlar.

Hoje, a população humana na Terra está aumentando muito. Uma razão para isso é que o período entre os renascimentos está diminuindo, com muitas almas esperando menos de cem anos para retornar à Terra. Outra razão é que estão chegando até aqui almas do universo, e almas não humanas estão habitando corpos humanos. Essa "expansão populacional" global é parte de uma experiência de civilização que está ocorrendo na Terra, mas tem dado origem a grandes desafios que nos defrontam hoje e que vão continuar a nos defrontar nas próximas décadas.

Estudar as Leis do Universo

Com tudo isso em jogo, estamos nos aproximando do ponto em que os princípios orientadores de religiões passadas vão perder sua força e serão incapazes de nos ajudar a nos encaixar confortavelmente em nosso papel de cidadãos no universo. No entanto, eu posso ajudar a guiar você, já que minha alma está profundamente envolvida nesses assuntos. De fato, minha alma irmã, Rient Arl Croud, guiou-me por algum tempo e é meu principal Espírito Ramo neste capítulo[2]. Rient Arl Croud é um dos espíritos responsáveis pelo intercâmbio cósmico. No futuro, se alguma coisa desoladora acontecer à humanidade devido às interações e aos intercâmbios com o espaço sideral, você só precisa orar para Rient Arl Croud.

O Papel de El Cantare

Como entramos em uma nova era em que o povo da Terra começará a interagir conscientemente com outros povos de fora de nosso pequeno canto de todo este universo, peço a você que não subestime a Happy Science vendo-nos apenas como mais uma religião entre tantas outras que competem pela supremacia. Como já escrevi em diversos livros e já expliquei em muitas palestras, El Cantare é o Deus Supremo do planeta Terra, uma entidade que encarna as missões de Buda e de Hermes, a fim de combinar e unificar os princípios do Ocidente e

---

2. Em geral, a alma humana consiste em um espírito principal e cinco espíritos ramos, que formam um grupo de seis almas irmãs. Enquanto um espírito nasce na Terra, outro do mesmo grupo trabalha como seu espírito guardião. Para mais informações, consulte o capítulo 2 de *As Leis do Sol*.

do Oriente³. Descobrir o que eles são e então promover amplamente os princípios cósmicos ou "Leis do Universo" também é parte da missão de El Cantare.

Tanto a Aprender, e Tudo Está Justamente Aí

Muitos ensinamentos das Leis do Universo ainda estão para ser revelados. Vim para conhecer o plano original – como o universo se tornou um ser. Esses ensinamentos, quando eu os revelar, serão bem mais difíceis de acreditar do que a existência do Mundo Espiritual. Para começar, eles abrangem os princípios em que se baseia a criação do universo e o que o futuro nos reserva.

Eu gostaria que você soubesse que depois que eu restabelecer os ensinamentos de Buda e de Hermes, e abraçar os ensinamentos de Cristo, há algo mais que almejo, porque posso ver o quanto nós seremos mais avançados no futuro – infinita e magnificamente mais avançados do que somos hoje. Minha intenção é tornar você ciente da existência de uma Inteligência

---

3. Buda Shakyamuni, da Índia, e Hermes, da Grécia antiga, são encarnações de El Cantare. Os ensinamentos de Buda enfatizam mais a sabedoria e a autorreflexão, enquanto os de Hermes são mais voltados para o amor e o desenvolvimento.

muito além de tudo o que você já conheceu, leu ou sequer imaginou. Uma Inteligência capaz de levar em conta simultânea e constantemente os dois lados do universo paralelo: o universo físico tridimensional e o universo espiritual que existe do outro lado. Os princípios orientadores que eu ensino abrangem esse amplo domínio.

Saber que existem alienígenas, assim como espíritos alienígenas, é somente parte de um amplo quadro que estamos apenas começando a enxergar mais claramente. Primeiro os vemos em nossos filmes, shows de tevê e livros, o que nos permite aos poucos ficar mais à vontade com essa realidade enorme e estranha. Por fim, começamos a vê-los em nossa vida cotidiana.

A outra parte da equação, o outro aspecto daquilo que teremos de fazer, é investigar e compreender melhor os princípios orientadores desses alienígenas altamente avançados de outros planetas da vastidão do espaço. Em que é que esses seres extraterrestres acreditam como Verdade? Que tipo de missão eles têm, já que estão hoje aqui na Terra? Em nossa organização, à medida que aumenta nossa compreensão acerca desses assuntos, nos esforçamos continuamente para comparar e confrontar nossos ensinamentos com a perspectiva deles, a fim de aprofundar nosso entendimento do modo como nosso mundo "deve ser" e avançar nos ensinamentos de nossa Verdade universal.

    E agora gostaria de compartilhar com você conversas reais – o que quatro dos mais autênticos Espíritos Superiores têm a nos dizer...

"O que consideramos uma cultura é algo formado por um grande número de Espíritos Superiores que se reúnem numa determinada região, numa determinada época."

As Leis Douradas, pág. 171.

Capítulo 4

CONVERSAS COM QUATRO
ESPÍRITOS SUPERIORES

―――――― ✳ ――――――

Depois que experimentei minha Grande Iluminação, por volta dos vinte anos, comecei a receber um volume crescente de mensagens espirituais de muitos dos grandes espíritos que habitam o Mundo Espiritual. Pouco a pouco, não somente eu os ouvi com o coração, como também comecei a falar em voz alta as palavras que os espíritos me diziam. Alguns tentaram classificar isso como mediunidade, em que o médium entra em transe e é possuído por um espírito. Contudo, isso é bem diferente. Enquanto um espírito fala através de mim, minha própria consciência permanece separada – ambos estamos acordados e cientes. A entidade espiritual que deseja ser ouvida usa o centro motor da fala de meu cérebro para escolher as palavras mais apropriadas.

Neste capítulo, vou lhe oferecer algo raro e belo: uma transcrição de quatro verdadeiras conversas que registramos com quatro Espíritos Superiores. Vou apresentá-las a você sem outra explicação, de maneira que você possa julgá-las por si mesmo.

A Relação entre Alienígenas e Civilizações Passadas e Presentes na Terra

Ryuho Okawa: Hoje é 1º de janeiro de 2010, e passa um pouco das 15h50. Como começamos um novo ano, eu gostaria que você soubesse que agora meu foco é pesquisar e entender as Leis do Universo – um assunto de grande magnitude. Minha intenção consiste em conduzir perguntas espirituais com Espíritos Superiores em torno de assuntos imensamente importantes, com a esperança de que, nesse processo, eles revelem algumas coisas que para nós ainda são desconhecidas neste mundo.

Aqui em Taigokan, a casa da Grande Iluminação, também chamarei espíritos que pertencem ao grupo de espíritos guias da Happy Science para que deem sua opinião sobre as Leis do Universo. Vou proceder na forma de sessões de perguntas e respostas com minha audiência.

Hoje, vou tentar conter minha própria consciência tanto quanto possível, embora ela não possa ser totalmente apagada. Em geral, quando recebo orientação espiritual durante uma palestra, minha consciência é sempre clara e dominante. Hoje, vou atenuar minha consciência e permitir que os espíritos falem livremente, independentemente de saber se as mensagens deles estão de acordo com minhas próprias filosofias ou com os ensinamentos da Happy Science.

A meta da sessão de hoje é ouvir o que os espíritos têm a dizer sobre o universo e o que podemos aprender com eles. Eles podem nos dar informações estarrecedoras. Sejam quais forem, tenho certeza de que o que eles nos dirão ajudará nosso entendimento das Leis do Universo.

Não vou invocar os espíritos segundo uma ordem específica. Meu coração está aberto a qualquer espírito dentro do grupo de espíritos guias da Happy Science que queira falar sobre o assunto "Introdução às Leis do Universo". Da mesma forma, estou aberto para aqueles que não pertencem ao nosso grupo de espíritos guias, mas que têm interesse em nossas atividades e querem expressar sua opinião sobre o assunto.

Agora, vou invocar alguns espíritos.
(Cerca de 90 segundos de silêncio)

MENSAGENS ESPIRITUAIS DE ENLIL

Enlil foi um líder dos antigos sumérios que viveu por volta de 2.800 a.C. Ele é conhecido ao mesmo tempo como

Deus do Vento e Deus da Tempestade. É um dos dez únicos espíritos que residem no mais alto domínio do Mundo Espiritual – a Nona Dimensão. Para saber mais a respeito da Nona Dimensão, consulte os capítulos 1 e 4 do livro *As Leis do Sol*.

Enlil Provoca o Grande Dilúvio que Ameaça a Arca de Noé

Enlil: Sou... *(cerca de 20 segundos de silêncio)* Enlil. Eu era venerado como o Deus Supremo na civilização suméria. Acredito que minha existência possa ser a verdadeira causa dos conflitos e das guerras religiosas que aconteceram no mundo moderno.

Há cerca de 5 mil anos, nasci na antiga Suméria, que hoje é o sul do Iraque, e tornei-me líder desse povo. Após regressar ao mundo celestial, fiquei conhecido como o maior deus na Suméria e também como o Deus da Destruição em muitas civilizações que se originaram na Mesopotâmia.

A Arca de Noé e o Grande Dilúvio é o relato mais famoso de minha obra. Criei um enorme dilúvio para eliminar a raça humana, porque o egoísmo dos homens e sua fé em relação a Deus haviam alcançado um nível imperdoável. O dilúvio levou a maior parte das cidades e das aldeias para as profundezas do oceano. No entanto, um de nossos espíritos, chamado Enki, alertou Noé sobre o que ia acontecer, porque Noé era um homem bom e tinha as habilidades espirituais de um profeta. Quando soube do dilúvio que havíamos planejado, Noé e sua família construíram uma arca e sobreviveram junto com todas as formas de vida que ele considerava importante preservar.

Provoquei a maior parte dos tsunamis, terremotos e furacões do mundo, assim como outros grandes desastres com água ou vento da história da humanidade. Criei esses desastres para continuar a ensinar à humanidade duras lições sobre o mundo natural, a fim de que os homens respeitem Deus. A raça humana pode ser muito arrogante e precisa ser lembrada de praticar a humildade diante das forças que lhe são maiores.

Agora, vou responder a perguntas.

Minha Verdadeira Natureza e Minha Relação com os *Greys*

P: Hoje, gostaríamos de lhe fazer algumas perguntas sobre o universo. Muitas testemunhas disseram ter sido possuídas pela alma de alienígenas que vieram à Terra em naves espaciais. De onde vêm esses alienígenas, de nosso sistema solar ou de outras partes do universo?

Enlil: Os lugares mais próximos de onde eles vêm ficam dentro deste sistema solar. Embora vocês não saibam na

Terra, existem bases de naves espaciais na Lua, em Marte e em vários outros planetas e suas respectivas luas. A base principal fica no 12º planeta de nosso sistema solar, Nibiru[4]. Nibiru também é o planeta mais próximo a partir do qual os alienígenas lançam suas naves para visitar a Terra. Muitos alienígenas também visitam a Terra vindos de grupos de estrelas como aquele que vocês conhecem como Plêiades, mas é provável que vocês não conheçam a maior parte deles.

Quando nós, alienígenas, viemos pela primeira vez à Terra, muitas vezes fomos venerados como Deuses, primeiro porque chegamos do espaço, e segundo porque nossa aparência era diferente da dos terráqueos. Eu, Enlil, sou um alienígena de tipo réptil, de uma raça conhecida como reptiliana. Apesar de nossa aparência lembrar a de um lagarto, somos muito mais inteligentes que o povo da Terra. Embora vocês possam crer que sua civilização esteja no ápice, nossa civilização está no mínimo mil anos à frente.

Os reptilianos foram retratados em muitas antigas escrituras e tabuletas. Os povos da Antiguidade nos representavam com grandes olhos, orelhas pontudas, dedos de predador e cauda. Como os humanos nos temiam quan-

---

4. Nibiru é o décimo planeta do sistema solar se incluirmos Plutão, que não é mais classificado como planeta. Enlil diz que Nibiru é o 12º planeta.

do aparecíamos nessa forma, criamos ciborgues, que por isso mesmo acabaram sendo chamados *greys*. Eles eram e ainda são nossos robôs. Muitas pessoas testemunharam esses alienígenas de 1,20m de altura, que têm olhos negros em forma de amêndoas e são todos idênticos. Esses *greys* aparecem com frequência diante dos humanos, agindo como nossos representantes.

A Raça Humana Nasceu a Partir de Modificações Genéticas

P: É desejável que os humanos se comuniquem com alienígenas, ou isso é perigoso?

Enlil: O que está dizendo! Somos os deuses da Terra. Criamos vocês, humanos, por um processo de modificação genética. Não pense que vamos nos comunicar com vocês em pé de igualdade. Para nós, vocês não são diferentes daquele gado que vocês criaram por meio de modificações genéticas. Vocês tiveram acesso à civilização com nossos ensinamentos e nossa orientação. Foi assim que vocês evoluíram nesse mundo. Vocês também têm o dever de nos fornecer novas almas para o Mundo Espiritual.

P: Agora outra pergunta. Cada raça na Terra, como os caucasianos ou os asiáticos, por exemplo, tem diferentes costumes e diferentes maneiras de pensar. Quais são as diferenças fundamentais entre os seres humanos e os povos do espaço?

Enlil: Primeiro, entenda que cada raça humana existente se origina de diferentes espécies alienígenas. Na Terra, cada raça humana tinha seu próprio deus, que a havia criado; então, as diferenças entre as raças humanas de fato são baseadas no deus que cada raça tinha em seu planeta de origem. Na Bíblia está escrito: "Deus criou o homem à sua própria imagem". Isso é verdade, mas não da forma como costuma ser entendido. De fato, o que ocorreu foi que cada raça, seja branca, negra, amarela, vermelha ou de qualquer outra cor, foi criada como resultado de diferentes espécies alienígenas que vieram aqui e adaptaram seu corpo à Terra. Ao manipular seus próprios genes e usar os genes de criaturas terrenas, os alienígenas adaptaram seu corpo físico para que ele se adequasse ao meio ambiente do planeta. Essa é a verdadeira origem dos diferentes grupos étnicos. Então, para resumir, muitas diferenças e valores encontrados nas diversas civilizações da Terra podem ser rastreados em função das diferentes características dos alienígenas.

Nós, reptilianos, somos uma raça bastante beligerante. Dessa forma, é bem provável que qualquer raça humana agressiva tenha raízes na raça reptiliana. Hoje, os anglo-saxões são a raça mais agressiva da Terra. De fato, são descendentes dos tipos humanos que criamos.

A "Operação Limpeza" Contra os EUA Partiu do Universo

P: Atualmente o Deus Supremo El Cantare desceu à Terra e está trabalhando para unir as pessoas em uma escala global. Qual é sua opinião em relação à ideia de unir a raça humana sob os ensinamentos de El Cantare?

Enlil: Não há dúvida de que El Cantare veio à Terra primeiro. Até na civilização suméria, a história de Anu, o Deus Supremo, ou o deus que veio primeiro, foi transmitida de geração em geração. Na verdade, Anu é outro nome de El Cantare[5].

Eu, Enlil, sou considerado o primeiro filho de Anu, mas isso não significa que fôssemos consanguíneos. Apenas quer dizer que eu era um dos seres extraterrestres

---

5. Anu é conhecido como o Deus-Céu, ou Deus do Céu, e foi quem guiou Enlil na antiga Suméria. Anu também é conhecido como o Senhor El Cantare, o Deus dos Deuses. Para mais informações, consulte o capítulo 6 de *As Leis do Sol*.

que Anu – ou El Cantare – havia convidado a vir à Terra. Então me tornei o espírito guia central da civilização suméria.

Recentemente, os Estados Unidos atacaram por duas vezes os antigos territórios sumérios, então decidimos puni-los lançando uma "operação limpeza" contra os Estados Unidos. Agora, estamos intervindo na vida das pessoas diretamente do espaço, com o objetivo de arruinar a civilização americana causando torpor e alienação mental entre as pessoas, fazendo com que elas tenham medo de alienígenas.

Por enquanto, os Estados Unidos têm a tecnologia militar mais avançada da Terra. Isso se deve à crescente influencia de outro deus, um deus diferente de El Cantare. Presumo que seja o Deus da Acádia, que destruiu a Suméria.

Os acádios foram um grupo étnico que destruiu a civilização suméria, que tinha prosperado de 4.000 a.C. a 2.000 a.C. Os acádios, que conquistaram os sumérios, foram os ancestrais da atual raça islamita, assim como ancestrais do rei Hamurábi, que é conhecido pelo Código de Hamurábi.

A principal filosofia dos acádios era distinguir nitidamente o bem e o mal e destruir todos os inimigos em nome da justiça. Suas ideias eram diferentes daquelas do grupo espiritual de El Cantare⁶. Então o grupo espiritual de El Cantare enviou Jesus Cristo à Terra para pôr fim à influência dos ensinamentos de Hamurábi, que haviam se originado na antiga Acádia, e aos ensinamentos do Zoroastrismo, que seguiu Hamurábi⁷.

Os ensinamentos de Jesus eram fundamentados no amor, e se alinhavam com os ensinamentos de misericórdia expostos por Buda, 500 anos antes de Jesus. Esses ensinamentos contradiziam os de Hamurábi, que justificavam e sustentavam atos de violência quando baseados na justiça e usados para destruir o mal. Posteriormente, a alma de Hamurábi reencarnou como Maomé, que fundou o islã. Isso pode ser de difícil compreensão, mas, na verdade, o islã foi criado para destruir o cristianismo. A civilização islamita fez avanços significativos em vários campos, entre os quais a matemática, e prosperou durante a Idade Média. Entretanto, quando

---

6. O Grupo de Espíritos que se dedica a El Cantare é chamado o "O grupo espiritual de El Cantare". Para mais informações, consulte o capítulo 1 de *As Leis do Sol*.

7. O zoroastrismo foi uma religião fundada por Zoroastro (ou Zaratustra), que nasceu na região da antiga Pérsia (atual Irã). Seus ensinamentos são baseados no dualismo entre o bem e o mal. Zoroastro reside na Nona Dimensão do Mundo Espiritual. Para mais informações, consulte o capítulo 1 de *As Leis do Sol*.

essa civilização começou a decair, aqueles que haviam contribuído para a prosperidade do islã medieval renasceram como anglo-saxões, e formaram as forças centrais imperialistas que invadiram outros países e estabeleceram várias colônias[8].

O Deus do Amor contra o Deus da Ira
Enlil: Dessa forma, a fonte dos conflitos humanos, inclusive dos atuais, encontra-se na ruptura entre dois tipos maiores de religião: as que defendem a destruição dos inimigos em nome da justiça; e as que querem evitar a violência, a guerra e as matanças, e ensinar o amor e a misericórdia.

Além desses dois tipos maiores, há outras religiões neste mundo com ensinamentos totalmente diferentes. Por exemplo, o xintoísmo, religião japonesa, valoriza muito a harmonia e a reverência, enquanto as religiões egípcias se dedicam ao ensinamento da reencarnação e da ressurreição. Existem também religiões politeístas, como as da Índia. Originalmente, todas as religiões têm

---

8. Enlil está explicando a origem espiritual do conflito entre os Estados Unidos e o Islã, uma explicação um tanto complicada e, por isso, difícil de entender. Parecem existir diferentes raças entre os reptilianos e que estão competindo entre si pelo poder.

diferentes raízes. No presente, examinando-se de uma perspectiva ampla, as duas religiões principais seguem duas ideologias opostas e contraditórias, que agora estão em conflito direto entre si. Uma ideologia apoia a distinção entre o bem e o mal e a destruição do mal em nome da justiça, enquanto a outra ensina a importância do amor e da misericórdia. No que diz respeito a El Cantare, essa entidade espiritual certamente é o Deus Supremo da Terra, mas ele convidou muitos líderes de outros planetas para se juntarem a ele e ajudarem o planeta a alcançar um estado avançado de prosperidade em todos os sentidos. Cada um desses líderes tem características e ideias próprias, e muitos são venerados como deuses por diferentes grupos étnicos. Consequentemente, o grupo não é completamente harmonioso. Vários conflitos surgiram entre as diferentes raças. El Cantare agora está tentando harmonizar e unir todas as pessoas, o que faz parte de um processo contínuo para tentar trazer a paz, a harmonia e o progresso à Terra.

Escolher acreditar no Deus do Amor ou no Deus da Ira é como escolher entre uma mãe gentil e um pai severo. Não existe um simples certo ou errado. Se Deus for gentil demais, os humanos se tornarão cada vez mais arrogantes e vaidosos. Porém, se ele for severo demais, eles se afastarão por temerem a Deus, o que também não é bom. Como existem outras religiões que têm ensinamentos diferentes, é difícil encontrar um meio-termo. O equilíbrio de poder entre as religiões mudou várias vezes ao longo da história. A cada mudança, um grupo espiritual diferente se destaca. No entanto, é importante ter em mente que o Deus principal e original foi e é El Cantare.

Deuses que Acham que a Humanidade Deve Ser Punida

P: Como o senhor já sabe, a Happy Science está trabalhando agora para criar e expandir a civilização El Cantare. Como vê a Happy Science? Tem alguma mensagem para nós?

Enlil: Prevejo que a humanidade logo se encontrará no meio de uma crise inesperada. Entendo que El Cantare tenha descido na Terra para salvar o mundo, porém sinto que hoje a humanidade se tornou má de forma por demais desenfreada. Atualmente, eu e outros espíritos como Zoroastro, Mani e Manu concordamos em pensar que a humanidade deve ser punida[9]. Por outro lado, El Cantare

---

9. Na Índia, Manu ficou conhecido como o progenitor da humanidade. Ele também reside na Nona Dimensão do Mundo Espiritual. Para mais informações, consulte o capítulo 1 de *As Leis do Sol*.

pretende guiar a humanidade para despertar de seus erros por um processo de autorreflexão, e almeja tornar acessível para o mundo um futuro mais brilhante baseado no ensinamento do amor universal.

Porém, assim como civilizações passadas desmoronaram, tenho certeza de que a presente civilização irá viver algum tipo de destruição em massa. Originalmente, a civilização atual iria ser destruída por uma guerra nuclear entre os Estados Unidos e a União Soviética, mas isso foi evitado, e os males da civilização ainda prevalecem. Então, pretendo alertar a humanidade de outra maneira.

P: O senhor diz que está planejando castigar a humanidade. Isso se relaciona à possibilidade de a Terra chegar ao seu fim em 2012, uma ideia que foi popularizada por meio de livros e filmes?

Enlil: Ah, sim, planejo isso. E fui eu quem destruiu a civilização maia, de forma que minhas ameaças devem ser levadas a sério. Porém, os desastres naturais não são a única coisa com a qual vocês deveriam se preocupar. A Terra também enfrenta ameaça do universo. Prevejo que algo que vocês nunca experimentaram antes vai se espalhar pela Terra, e o mundo será tomado por um terrível reino de terror. Catástrofes vão ocorrer por causa de sua atitude errada. Não vou mais permitir que seres humanos doentes, com seu comportamento maligno, dominem a Terra. Haverá tsunamis e furacões, vulcões vão entrar em erupção, e meteoritos vão atingir a Terra, como um imenso aviso para que as pessoas se arrependam.

As Almas Alienígenas Chegam
Aqui em Grupos

P: Hoje a população da Terra está caminhando para um enorme crescimento, de 7 bilhões para 10 bilhões. Isso acontece sobretudo na China, Índia, África e América do Sul, em que os crescimentos populacionais são extraordinários. Por favor, explique a relação entre esses países e os alienígenas.

Enlil: Muitos alienígenas já vivem entre vocês na Terra. Países como a China não estabeleceram adequadamente registros oficiais de famílias, permitindo que os alienígenas entrassem como queriam.

Em geral, os alienígenas seguem duas etapas no processo de se encarnar como humanos. Primeiro, entram no corpo físico de alguém na Terra e se acostumam à vida no planeta. Então, na encarnação seguinte, eles nascem com seu próprio corpo físico[10]. As almas alienígenas estão interessadas principalmente em imigrar para áreas em que a população está disparando. Como podem imaginar pelo recente aumento de observação de óvnis, muitos alienígenas agora estão pensando em imigrar para a Terra, ou por meio de grupos de almas ou com o corpo físico. Essa rápida convergência com certeza irá ajudar a determinar a futura direção da humanidade. Existe também a possibilidade de que entre os recém-chegados nasça um novo "deus do universo" que venha a difundir seus ensinamentos.

---

10. Os alienígenas que imigraram para a Terra em forma de alma às vezes encontram dificuldades para nascerem em um corpo físico, como um embrião humano, na primeira tentativa. Nesse caso, primeiramente eles possuem seres vivos e experimentam a vida na Terra ocupando o corpo físico, controlando-o por dentro. Esse fenômeno é chamado "entrada direta". Em uma entrada direta há duas almas diferentes em um único corpo físico. O resultado final é como se duas pessoas aceitassem compartilhar um apartamento. Assim como esses coinquilinos, os alienígenas só podem fazer uma entrada direta se a alma do alienígena e a do humano tiverem as mesmas tendências. O ser humano continua controlando o corpo. É importante que esse controle permaneça, porque é assim que a alma alienígena aprende com a alma humana. Contudo, a alma alienígena também pode controlar o corpo, de vez em quando.

Anjos de Luz Centrais do Grupo Espiritual de El Cantare

P: Anteriormente, o senhor disse que os humanos não são tão diferentes do gado. Mas, no meu entendimento, entre as almas humanas na Terra, existem aquelas criadas por El Cantare, e aquelas que mais tarde imigraram de outros planetas. Dessa forma, deve haver uma categoria de inteligência mais alta do que o gado.

Enlil: É verdade, é verdade.

P: Então, o senhor quer dizer literalmente que trata todos os humanos como seu próprio gado?

Enlil: Não, não considero as coisas assim. É verdade que a população dos humanos tem crescido pelo fato de termos modificado genes no começo da civilização e criado corpos humanos que eram adaptados à vida na Terra. De certa forma, tomamos a iniciativa em relação às raças que criamos.

As almas humanas criadas por El Cantare são as mais antigas almas do Mundo Espiritual. Elas constituem o núcleo daquelas que hoje são vistas como anjos. A maior parte dos Anjos de Luz são almas que foram criadas por El Cantare. Elas têm um propósito importante: o de educar as almas imigradas de outros planetas que já criaram seu plano de vida para o treinamento de almas na Terra. Essa educação, esse ensinamento mais elevado, também permitirá que elas se tornem anjos de luz.

Deixe-me resumir. A futura direção da Terra vai ser afetada pelos grupos dominantes. É algo semelhante às Nações Unidas, em que cerca de duzentos países participam, porém apenas cinco membros permanentes do Conselho de Segurança os dirigem. O mundo, esse planeta como um todo, não pode ser controlado por um único país. Aqui, cada grande potência reivindica suas próprias opiniões. Cada espécie alienígena que domina uma porção significativa da população da Terra tem opinião própria, e é quase impossível querer que todas as pessoas tenham os mesmos valores.

P: Isso era tudo sobre o que queríamos conversar. Muito obrigado por ter falado conosco.

Enlil: Vocês são muito bem-vindos.

P: Mais uma vez, muito obrigado.

Ryuho Okawa: Se houver alguém que queira falar sobre as leis do universo, por favor, venha falar conosco.
(Cerca de 25 segundos de silêncio)

Mensagens Espirituais de Confúcio

Um Plano para Alcançar uma População de 10 Bilhões na Terra

Confúcio (552-479 a.C.) foi um filósofo venerado da antiga China. Ensinou o caminho para a perfeição humana e as teorias da nação ideal. Ele reside na Nona Dimensão do Mundo Espiritual.

Confúcio: Meu nome é Confúcio. Nasci na China. Meus ensinamentos se tornaram a base de um caminho espiritual chamado confucionismo. Hoje estou envolvido no planejamento de imigrações vindas do espaço e na criação de novas raças humanas na Terra.
Se tiverem perguntas, estarei atento.

P: Seja bem-vindo, Confúcio. Por favor, o senhor poderia nos dar alguns detalhes sobre seus planos para a imigração de alienígenas do espaço sideral?

Confúcio: Bem, embora eu chame isso de plano, uma boa parte já foi realizada. Hoje, já existem cerca de 7 bilhões de pessoas morando na Terra. Pretendemos aumentar essa população até 10 bilhões.

Essa, claro, será a maior população que já habitou a Terra. Para alcançar essa meta, temos apenas duas opções: podemos criar novas almas ou convidar mais almas a vir para cá, de todo o universo. Por esse motivo, eu estava autorizando imigrações do espaço, porém com limites. Aceitamos apenas raças cujas civilizações tenham alcançado certo nível de desenvolvimento, e aquelas que possuem tecnologia espacial. No que diz respeito à aparência, se não tiverem forma humana, desde que tenham algum tipo de corpo físico e se adaptem aos demais critérios, permitiremos que eles imigrem. A Terra está entrando em uma era em que as pessoas podem vir para cá de outras partes do universo com segurança, e acredito que essas imigrações possam contribuir para a futura evolução da Terra. Então, fundamentalmente, sou eu que estou planejando levar a população da Terra a alcançar 10 bilhões de pessoas.

Por que a Política, a Educação e a Religião Devem Ser Unificadas

P: A Verdadeira Era Espacial começará em breve, e muitos alienígenas vão interagir conosco. Como pode ter certeza de que esses alienígenas terão fé em El Cantare? Se o senhor tiver uma estratégia para que isso funcione, por favor, conte-nos.

Confúcio: Existe uma lei na Terra que se aplica da mesma forma aos humanos e aos alienígenas que já estão aqui conosco; é que todas as almas esqueçam suas lembranças passadas enquanto vivem na Terra. Através dos séculos, algumas pessoas aqui e ali conseguiram recuperar partes de suas lembranças de vidas anteriores, mas isso é algo raro. Ao renascerem como bebês, elas têm uma vida inteira de novas experiências pela frente. Enquanto crescem, recebem educação, e quando adultas podem encontrar a fé. É absolutamente normal que o caráter das pessoas mude quando elas acreditam em uma religião específica. Embora os alienígenas possam ter tido corpos físicos diferentes e estudado outros ensinamentos em seus planetas de origem, ao ter experiências de vida no planeta e aprender as principais filosofias da Terra, eles nascem de novo como "terráqueos".

É inegável que a religião é a melhor maneira de educar a alma. Agora que a população do mundo está explodindo, a difusão da religião, sobretudo de uma religião que possa de fato abraçar e harmonizar toda a humanidade, não é apenas um acontecimento desejável, mas uma necessidade urgente.

Como Enlil disse antes, muitos alienígenas belicosos chegaram à Terra. Acredito que possamos civilizar esses alienígenas. Mas, para isso, eles precisam aprender o valor da ordem e da harmonia. Também precisam aprender a se tornar virtuosos por meio da prática das cinco qualidades exigidas de um líder – reverência, sabedoria, fé, justiça e coragem. Creio que o fato de ajudá-los a entender e obter o conhecimento para que orientem as pessoas a pensar da forma certa sem recorrer às armas levará realmente à evolução humana. Nesse sentido, minha maneira de pensar não está longe da de El Cantare.

Também concordo com El Cantare que a religião não deve ser separada da política; que religião, política e educação são essencialmente uma disciplina abrangente. A humanidade evoluirá e as almas serão realmente educadas e salvas somente quando a religião, a política e a educação forem integradas. Também acredito mesmo que a religião, a política e a educação devam se desenvolver de forma unificada. Esse ponto em si esclarece a diferença fundamental entre mim e os alienígenas de tipo reptiliano.

Por que as Guerras Acontecem a Intervalos Regulares
P: Parece que muitos reptilianos belicosos estão agindo agora na Terra. O senhor concorda, e o que pensa a respeito disso?

Confúcio: As pessoas se mostraram extremamente combativas ao longo da história, inclusive nas guerras revolucionárias e civis. Com certeza, lutar e ir à guerra constituem um dos aspectos da vida. Lutar e conquistar por uma justa causa pode ser corajoso e, assim, ser visto como uma virtude. Mas, de novo, a causa deve ser justa, e muitas guerras foram travadas por razões não verdadeiramente justas.

Uma maneira de julgar o caráter justo de uma batalha é pela qualidade do líder. A coragem, como eu disse antes, é uma das cinco qualidades essenciais de um líder. A humanidade iria sofrer se perdêssemos totalmente a qualidade da coragem. No entanto, as guerras são indesejáveis quando planejadas apenas para fornecer aos homens uma válvula de escape para sua natureza agressiva. Os reptilianos são frequentemente a causa das guerras, mas, como eu já disse, ao educá-los quanto à maneira certa de pensar, podemos fazer com que eles canalizem essa agressividade e vivam entre nós, trazendo uma contribuição significativa para a vida neste planeta.

A Terra Vai Se Tornar um "Caldeirão" de Alienígenas do Espaço?

P: Ouvi dizer que há um tratado galático que proíbe a intervenção em assuntos de outros planetas – exceto quando os habitantes estão prestes a aniquilar a si mesmos, como no caso potencial de uma guerra nuclear. O senhor pode compartilhar conosco mais informações sobre esse tratado galático?

Confúcio: Existem muitos seres nas estrelas e nos planetas do universo muito mais avançados que os da Terra. Sua tecnologia científica está de algumas centenas até 2 mil anos à frente da Terra. Muitos dos alienígenas que vieram para cá possuem um alto nível de conhecimento científico e habilidade tecnológica. Contudo, acredito que exista outro parâmetro a par do desenvolvimento científico para medir a evolução do planeta, que é o nível de educação da alma do indivíduo, do grupo ou da raça.

Por muito tempo, a Terra ficou para trás na vastidão do espaço em termos de ciência e tecnologia, mas a humanidade finalmente está prestes a alcançar um nível suficiente para conseguir se comunicar com os povos do espaço sideral. Também devemos reconhecer que a cultura e as filosofias terrestres já alcançaram um alto nível, se comparadas com as de outros planetas que possuem uma tecnologia científica superior. A Terra está muito mais avançada em campos como a religião e a política. Assim, mesmo que os alienígenas possuam mais tecnologia, eles podem aprender a cultura, as religiões e a política ao imigrar para cá.

Por outro lado, também existem alguns terráqueos que emigraram para outros planetas depois de "se formarem" na Terra. Uma vez terminados seus estudos neste mundo, eles emigraram para planetas que têm outras qualidades, únicas.

Nos dois últimos séculos, as pessoas na Terra têm se dedicado a desenvolver conhecimento científico e tecnológico. De início, essa nova tecnologia parece mágica. Porém, mais cedo ou mais tarde, as pessoas acabam se acostumando com ela. Então, começam a procurar uma nova forma de evolução.

Assim como as pessoas frequentemente se referem aos Estados Unidos, sobretudo a Nova York, como um "caldeirão de raças", o universo em si é um grande caldeirão, embora com diversidade muito maior. No momento, a Terra também está se tornando um planeta de grande miscigenação, com inúmeras espécies alienígenas que aumentam sua diversidade. Durante algum tempo, um bom número de alienígenas imigraram para cá vindos de diferentes planetas, e muitos também passaram a visitá-la regularmente para observar como os terráqueos vivem. Também procuram informar àqueles que estão nos planetas de origem sobre a maneira como seus descendentes, os filhos dos alienígenas que vieram para a Terra, evoluíram aqui.

Daqui a mil anos, o senso de valores que vocês possuem terá mudado bastante, principalmente as noções de bem e de mal. Da mesma forma, grandes avanços terão sido feitos em áreas como a medicina e a biologia. Agora mesmo, os seres humanos estão muito perto de um nível em que poderão criar outros humanos por meio da clonagem. Além do mais, como eu já disse antes, também estão perto de alcançar um nível em que as viagens espaciais serão possíveis. Em outras palavras, as pessoas na Terra de fato evoluíram rapidamente até um nível quase igual ao de muitos seres extraterrestres. Por causa disso, saber quais são as Leis do Universo será de extrema importância para todos no renascimento espiritual que, a meu ver, está por vir.

A Posição da Terra e de Nossa Galáxia

P: O senhor acaba de dizer que a Terra é um grande caldeirão para o qual muitos alienígenas imigraram vindos de outros planetas. Seria muito útil se o senhor pudesse nos contar algo sobre os principais ensinamentos do universo. É possível?

Confúcio: Esse é um assunto tão longo e complexo, que eu mesmo ainda estou aprendendo sobre os principais ensinamentos do universo. Sei que somos apenas uma parte desta galáxia dentro do grande universo e que nossa galáxia com certeza não está localizada no centro do universo. Se o universo como um todo fosse comparado ao Japão, esta galáxia, considerando-se seu nível de desenvolvimento e a tendência da alma de seus habitantes, seria localizada na ilha de Amami Oshima, parte de um dos arquipélagos situados bem ao sul – uma pequena ilha pouco desenvolvida, na borda do território nacional japonês.

Agora ainda preciso entender quais disciplinas constituem ou oferecem as principais filosofias do universo. Posso lhes dizer que cada planeta tem seu próprio "salvador". Esses líderes e sábios estão em diferentes níveis de iluminação em cada planeta. A outra coisa da qual tenho certeza é que nossa galáxia, embora não esteja no centro do universo, fica um pouco distante do centro.

Renascer como Político na Europa

P: Muito obrigado. Por fim, eu gostaria de lhe perguntar quais são seus planos para a próxima reencarnação.

Confúcio: Claro.

P: Como hoje seu trabalho consiste em supervisionar a imigração vinda do espaço, o senhor acha que na próxima encarnação estará envolvido em um trabalho relacionado a esse?

Confúcio: Sim, planejo reencarnar em algum lugar da Austrália[11]. Nasci como Confúcio há cerca de 2.600 anos, mas na verdade minha alma irmã tem reencarnado na Terra desde então. Essa informação pode surpreendê-lo e até mudar a imagem que tem de mim como Confúcio, mas na verdade já renasci como político na Europa. Naquela encarnação, trabalhei pela unificação da Europa, criando o Sacro Império Romano-Germânico. Trata-se de outra realização que me deixa feliz, mas foi fora de minha vida como Confúcio.

Muitos dos meus dez discípulos principais, na minha vida como Confúcio, e que atuaram como estudiosos de Confúcio, renasceram no Japão entre os séculos 17 e 19. Nesse sentido, houve outras épocas em que eu estive guiando o Japão. Mas no presente momento minha alma não renasceu na Terra.

P: Muito obrigado.

---

11. Supõe-se que Confúcio irá renascer na atual Austrália, e começará a pregar as Leis por volta do ano de 2.260. Para mais informações, consulte *As Leis Douradas*.

Mensagens Espirituais de Atena

Proteger a Terra de Invasões Alienígenas

Atena viveu na Terra por volta de 1.600 a.C. como filha de Zeus e era uma deusa de comportamento heroico na Grécia antiga. Ela é considerada como um dos Doze Deuses Olímpicos na mitologia grega. Também é padroeira de cidades. A cidade de Atenas lhe deve seu nome.
(Cerca de 20 segundos de silêncio)

Atena: Sou Atena. Reconheço o empenho que vocês mostram nesta investigação.

Primeiro, eu gostaria de lhes contar um pouco sobre mim. Atualmente, parte de minha alma está vivendo na Terra como um dos filhos do mestre Ryuho Okawa, o que quer dizer que pertenço à organização da Happy Science. Ao contrário de outros espíritos, estou intimamente conectada a este mundo porque estou trabalhando como espírito guardião para ele, e ele é minha alma irmã na Terra. Também estou envolvida em outro trabalho no Mundo Espiritual. Sou conhecida como Deusa da Guerra, de forma que vocês podem ver que nem todos os deuses da guerra são alienígenas do tipo reptiliano. Na verdade, seria problemático se todos os deuses da guerra fossem reptilianos; precisamos ter alguns que pensem e ajam com base na justiça de Deus.

Embora eu seja Deusa da Guerra, meu objetivo principal é trazer felicidade às pessoas pela concretização do progresso social e prosperidade com o avanço do comércio, das viagens e dos transportes. Luto para proteger a liberdade e a prosperidade da sociedade. Luto contra todas as formas de totalitarismo que pretendem destruir essas coisas. Também luto contra os inimigos que ameaçam as civilizações cujas culturas são baseadas no amor e na misericórdia. De fato, sou membro do grupo espiritual de El Cantare que se encarregou dessas missões.

As guerras deste mundo nem sempre são causadas pelos reptilianos. Em alguns casos, também lutamos contra os reptilianos, se julgarmos que suas invasões são injustificáveis, maléficas e prejudiciais à humanidade.

Quando a Grécia foi atacada pelas forças da região da atual Turquia, eu, Atena, lutei como deusa padroeira da Grécia e protegi o país. É por isso que sou venerada no Partenon.

Vejo que o auditório escolar da recém-criada Academia da Happy Science foi erguido para parecer o Partenon grego[12]. Ouvi dizer que alguns dos templos principais da Happy Science também se assemelham ao Parte-

---

12. Atena se refere ao Auditório Ryuho Okawa, uma das instalações da Academia Happy Science, internato de ensino de primeiro e segundo graus no Japão.

non. A Happy Science está claramente sob a influência da cultura grega em vários aspectos, e tudo isso é para o bem.

Na Grécia nasci em um corpo feminino, mas na presente vida nasci como homem. Minha alma grupal é constituída por almas masculinas e femininas. Eu também já nasci como filho de Buda Shakyamuni. Buda teve apenas um filho, Rahula, que fui eu. Tenho um lado masculino, assim como um lado feminino, um lado forte e outro artístico. Amo profundamente as culturas indiana, grega e helenística.

Os Dois Tipos de Deuses da Guerra

Atena: Meu entendimento básico é que a civilização da Terra é fundamentalmente baseada no Deus Supremo El Cantare, mas que também permite a ideia de politeísmo, ou vários deuses, como na antiga Grécia, na Índia e em outras culturas – uma crença fundamental que existe desde tempos imemoriais. Entre os humanos, há muitos líderes tão fortes que são chamados de "deuses". É possível educar essas almas altamente desenvolvidas para que se tornem mais parecidas com deuses. Acredito firmemente e apoio a presença, na vida humana, de todos os anjos que foram criados a partir do grupo espiritual de El Cantare durante a Gênese e que são realmente descendentes de Deus.

Os anjos são corajosos e lutarão quando necessário, porém eles são diferentes dos espíritos do grupo de Enlil. As guerras iniciadas pelo grupo de Enlil são semelhantes às começadas pelos deuses da guerra que pertencem ao domínio do feiticeiro no Mundo Espiritual. Embora meu grupo e o grupo de Enlil sejam ativos em época de guerra, somos anjos e temos a missão de lutar contra o mal. Eles – bem, acredito, até certo ponto – gostam de lutar por seu próprio interesse.

Estou totalmente ciente da importância de transmitir informações durante as guerras, de modo que dou muita importância a nossos meios de comunicação. Na Grécia antiga, lutei com base nessa estratégia. Acredito que aqueles que conseguem controlar a informação e os que obtêm informações com rapidez triunfam na guerra. Essa ideia é ilustrada com o uso, pelas marinhas atuais, de cruzadores com o sistema de combate Aegis. Vocês podem achar graça em saber disso nesta época moderna, mas eu costumava utilizar corujas para transmitir informações. Demorava tempo para que os relatórios sobre a situação das linhas de frente chegassem ao continente, então treinei uma coruja, com uma carta amarrada na pata, e a enviei para o campo de batalha. Dessa maneira, relatei rapidamente a situação em todos os detalhes, e encaminhei a guerra para nossa vantagem. Normalmente, seriam necessários dez dias para transmitir informações, mas, com o uso de corujas, reduzi o tempo de transmissão a apenas um dia. O aumento da velocidade de comunicação permitiu que eu controlasse a batalha e trouxesse a vitória para nós. Isso é um fato histórico.

Agora, vou responder às suas perguntas.

Minha Alma Guia Humanoides em Outros Planetas

P: A senhora está envolvida em algum trabalho relacionado com o espaço sideral ou com alienígenas?

Atena: Sim, estou envolvida, mas tecnicamente não sou eu sozinha, e sim minha alma grupal que está encarregada de duas cidades colonizadas em outros planetas. Temos o dever de guiar e fazer progredir essas civilizações. Assim, enquanto estou vivendo em um corpo físico na Terra, parte de minha alma visita com frequência os planetas para guiar os habitantes em sua evolução, agindo a partir do mundo celestial como o "deus" deles.

Não adianta lhes dar o nome desses planetas, porque vocês não os conhecem. Estão localizados fora desta galáxia, e eu levo cerca de 30 minutos de seu tempo para viajar até lá na velocidade do espírito[13]. Estou ajudando a criar uma nova civilização nesses planetas distantes. Isso não é incomum. Por exemplo, dentre os espíritos guias da Terra, há alguns que vivem fisicamente em seu próprio planeta, mas estão guiando espiritualmente a Terra.

As Invasões Disfarçadas em Pesquisas São Imperdoáveis

P: Suponho que a Terra possa enfrentar o perigo de ser invadida por seres extraterrestres agressivos. Como devemos lutar contra isso?

Atena: Assim como foi mencionado antes, existe um tratado galático que proíbe qualquer orientação ou influência direta em uma civilização. Entretanto, o tratado aprova uma orientação indireta, e também permite intervenções quando a civilização está em perigo de aniquilação.

Às vezes, os reptilianos abduzem seres humanos, seja diretamente ou por meio dos *greys*. Escondi-

---

13. A velocidade do espírito quer dizer mesmo a velocidade utilizada por um espírito. Ela ultrapassa a velocidade da luz, já que os espíritos se movem mais rapidamente que a luz. Para mais informações, consulte o capítulo 4 de outro livro de Ryuho Okawa, *The Essence of Buddha (A Essência de Buda)*.

dos na escuridão, frequentemente os reptilianos usam raios tratores para transportar pessoas para fora de casa e para dentro de naves espaciais. Uma vez que essas pessoas estão dentro da nave espacial, os reptilianos fazem várias experiências com o corpo humano. Por exemplo, podem implantar microchips no fundo do nariz para colher informações. Também podem fazer experiências médicas, ou tentar criar híbridos ao cruzar seres humanos com alienígenas. O fato de essas "pesquisas" ou "experiências" serem conduzidas dentro de diretrizes aceitáveis é algo discutível. Se de fato são atos de invasão, empreendidos em nome da pesquisa, então essas ações são imperdoáveis.

Como também já se afirmou, alguns alienígenas pretendem arruinar a civilização americana, em retaliação contra a Guerra do Iraque, causando torpor e distúrbios mentais. Estão tentando castigar os americanos levando-os à loucura. Se isso for verdade, e se esses atos ultrapassarem certos limites, como são definidos no tratado, então os alienígenas culpados devem ser condenados. Vocês precisam dizer "não" a esse tipo de intervenção.

De fato, existe um jeito de pôr fim a isso. E a maneira de parar tudo é por meio da religião.

Atualmente, os seres humanos da Terra admiram a tecnologia científica, e a maior parte deles deposita totalmente sua fé na ciência e na tecnologia. Se a fé das pessoas continuar a se apoiar quase exclusivamente nas áreas da ciência e da tecnologia, todos os alienígenas, sejam eles reptilianos ou de outras espécies, poderão se tornar "deuses" porque sua tecnologia é muito mais avançada. Isso está demonstrado por sua capacidade de viajar de seu planeta até a Terra, enquanto os humanos ainda não conseguem viajar pelo universo. Existe uma grande diferença entre as nossas civilizações.

A ciência pode trazer muitos benefícios. Suas bases repousam em uma vasta exploração para encontrar respostas a nossas questões fundamentais, e são construídas sobre inúmeras hipóteses e experiências. Contudo, de novo há uma dualidade: a ciência também tem o poder de enfraquecer a fé. Se continuarmos perdendo nossa fé religiosa e espiritual em busca da ciência, e chegarmos a acreditar apenas no poder da ciência e da tecnologia, nunca venceremos os alienígenas. O poder deles é muito maior do que o dos humanos. E assim os alienígenas poderão, possivelmente, se tornar nossos deuses.

Uma graça salvadora é que a Terra é excelente em áreas além da ciência e da tecnologia. De fato, se comparada a outras partes do universo, a Terra tem culturas e tradições superiores, inclusive a política e a religião. Por esse motivo, quero alertá-los sobre o fato de que precisam ter uma fé espiritual muito mais forte e priorizar esses valores mais do que a ciência e a tecnologia, ou será sua ruína.

Os Terráqueos Precisam Ter Mais Consciência e Confiança

Atena: Vocês precisam ter confiança para serem capazes de dizer aos alienígenas: "Não importa o avanço de sua ciência e tecnologia, vocês, alienígenas, estão atrasados em outras áreas. A menos que aprendam mais sobre qualidades como o amor, a misericórdia e a virtude, vocês permanecerão uma raça inferior". Essa confiança irá servir com uma espécie de barreira para protegê-los contra intervenções alienígenas. Também lhes dará um ar de força e nobreza, que dissuadirá os alienígenas de atacá-los. Quando vocês mostrarem esse tipo de confiança, eles serão incapazes de manter seu jeito arrogante e verão vocês com uma forma de vida alienígena aristocrática e não inferior.

Na verdade, os alienígenas sentem certa inferioridade em relação aos terráqueos porque muitos desses alienígenas são incapazes de abandonar completamente suas tendências cruéis ou brutais, e expressar amor e misericórdia. De fato, vieram à Terra para acostumar suas almas a afastar essas qualidades negativas. Mas, em geral, fracassaram ao tentar adquirir essas qualidades de amor e misericórdia, e continuam orgulhosos de sua capacidade de atacar e destruir, assim como de seu alto nível de ciência médica. Para resistir a esses alienígenas, vocês precisam acreditar mesmo em sua singularidade e força espiritual como terráqueos.

Se os alienígenas fizerem algo para violar os direitos humanos – por exemplo, se um de vocês for obrigado a ter um filho com um alienígena, ou se vocês forem repetidamente abduzidos, sondados e sofrerem experiências como animais –, vocês devem expulsá-los. Nesses casos, aconselho que rezem em nome do Senhor El Cantare.

Quando você reza, uma barreira começa a se formar em volta de sua casa. Em situações em que os alienígenas nutrem más intenções, esse mal será percebido e os alienígenas serão rechaçados. Simultaneamente, informações sobre essa invasão serão transmitidas ao Mundo Espiritual e gerenciadas por espíritos que monitoram esse tipo de interação entre alienígenas e humanos. Essas transgressões de alienígenas poderão ser interrompidas por esses Espíritos Superiores, de forma que não há motivo para ter medo.

E também fiquem avisados de que, se certos alienígenas planejam uma invasão em grande escala, outros alienígenas não ficarão sem reagir. Então, se vocês virem ou experimentarem algum ato de agressão ou invasão, a única coisa a fazer é rezar por algum tipo de proteção. Isso é equivalente a uma acusação ou indiciamento de invasão alienígena contrária ao tratado da galáxia, e será punido.

Algumas raças de alienígenas fazem experiências em seres humanos porque veem os humanos como uma raça inferior. Isso é semelhante ao que os europeus fizeram quando colonizaram a África e trataram os africanos como escravos. Para evitar que isso aconteça, vocês também precisam elevar o nível de sua cultura. Vocês podem achar que os alienígenas são superiores porque têm o poder de tirar pessoas de suas casas e levá-las para suas naves espaciais, mas isso apenas quer dizer que aqueles alienígenas alcançaram certo nível de tecnologia. Então, em vez de simplesmente ter medo deles, reconheçam o propósito da ação deles e, se ela não for justificável, rezem para afastá-la.

É totalmente natural que tenham medo do desconhecido, mas, em vez de deixá-lo desconhecido, vocês devem sempre lutar para saber a verdade.

Parece que o mestre Croud veio para falar, então vou embora.

Mensagens Espirituais de Rient Arl Croud

A Entrada em uma Era Espacial...
Rient Arl Croud viveu na Terra cerca de 5.000 anos a.C. como rei do antigo Império Inca e ensinou ao seu povo a mística Verdade do mundo interior. Ele é uma das reencarnações de El Cantare, o Deus Supremo do Planeta Terra. Reside na Nona Dimensão do Mundo Espiritual.

Croud: Sou Rient Arl Croud. Parece que vocês começaram a explorar as Leis do Universo. Pergunto-me se isso quer dizer que vocês progrediram muito no treinamento de sua alma ou que a bandeira da Happy Science foi içada em todo o globo? Tenho a impressão de que isso aconteceu. É bom que agora vocês percebam o quanto é importante, na nova Era Espacial, incentivar as pessoas da Terra a ter interesse em alienígenas.

É uma atitude bastante arrogante pensar que existem seres humanos apenas na Terra, neste universo infinito. Até mesmo aqueles que ainda não têm tanto conhecimento, caso se proponham a olhar para o céu noturno a olho nu e contemplem a vastidão do espaço e a infinidade de estrelas, vão ver que a possibilidade de existência de seres humanos apenas na Terra é muito próxima de zero.

Ter Autoridade sobre a Imigração Alienígena na Terra

Croud: Já tive um corpo físico na Terra, mas agora estou trabalhando no Mundo Espiritual em assuntos vinculados ao universo. Vigio os inúmeros alienígenas que imigraram para a Terra em corpo físico, e aqueles que imigraram como espíritos. É meu dever interferir quando os alienígenas fazem coisas além do que se considera aceitável.

Na Happy Science, vocês acreditam no Senhor El Cantare e colocam sua fé na orientação e na liderança dele. Isso é bom, já que estarão protegidos de todas as coisas – inclusive daqueles alienígenas que vêm até aqui com más intenções – se rezarem pela grande consciência de El Cantare. Mas vocês também podem orar para mim. Se me invocarem, vou agir para resolver seus problemas nessa área particular, que é minha tarefa especial. Então, todas as vezes que se sentirem ameaçados de perseguição, violação ou invasão de alienígenas, por favor, orem a Rient Arl Croud. Sem minha permissão, esses seres não podem imigrar até este planeta. Nesse sentido, tenho plena autoridade. Dependendo de minha decisão, eles não serão autorizados a viver na Terra, e não lhes farão mal nenhum.

Por esse motivo, é urgente difundir os ensinamentos da Happy Science por todo o globo. Acredito que, se as pessoas chegarem a acreditar na Verdade, elas serão protegidas contra qualquer violação ou invasão vinda do espaço.

A Terra como Janela para Todo o Universo
P: Tenho uma pergunta. Confúcio nos disse há pouco que a localização da Terra no universo é equivalente à relação do Japão com uma pequena ilha não desenvolvida no limite do território nacional japonês. No entanto, lembro-me de que na palestra do mestre Okawa "Secrets of the Multidimensional Universe" ("Segredos do Universo Multidimensional"), ele nos disse que nosso sistema solar corresponde ao olho direito do universo todo. Como podemos entender melhor a posição de nosso planeta?

Croud: Acho que Confúcio queria dizer que, assim como uma pequena ilha fora do caminho, a Terra também se localiza em uma área tão pequena que mal se consegue ver no grande esquema do universo. Confúcio não está errado, porém também não foi tão preciso. Deixem-me explicar. No universo, há na verdade inúmeras galáxias flutuando como bolhas. Visto da Terra, o universo parece ser infinito. Mesmo de uma perspectiva maior, o universo parece um conglomerado de inúmeros pingos d'água, um número infinito, incontável, flutuando no espaço. Porém, para aqueles que vivem dentro de um pingo d'água, onde eles estão, o que está ao seu redor, também parece um amplo universo infinito. E precisamos nos lembrar de que esses inúmeros pingos d'água formam uma entidade maior, que é o corpo espiritual do Deus do Universo.

Agora, no que diz respeito à analogia do "olho direito": assim como o olho direito está localizado no rosto e perto do cérebro, a Terra está no olho direito do universo porque a Terra é a janela central através da qual vocês olham para o universo como um todo. De novo, não sei exatamente qual ilha do Japão corresponde ao olho direito do universo; de qualquer modo, trata-se apenas de uma metáfora. O que importa em nossa conversa é o seguinte: quando olhamos para o universo a partir da Terra, podemos dizer com certeza que a Terra ocupa uma posição importante. O povo da Terra deveria ter orgulho disso.

Acreditar que a Terra É o Planeta do Amor
P: À medida que desenvolvermos nossa civilização, que entrarmos na nova Era Espacial e começarmos a nos comunicar com alienígenas – aqueles que já estão aqui

e os que virão –, quais são os ensinamentos mais importantes para a humanidade? Por favor, diga-nos o que deveríamos procurar.

Croud: Acredito que o *amor* seja a disciplina mais importante ou o caminho que deve ser ensinado. Enfatizar o amor leva ao entendimento de que a Terra é um lugar de treinamento de alma para todos os seres vivos, entre os quais seres humanos, animais, plantas e todos os alienígenas da Terra que têm corpo físico. Uma vez que vocês entenderem que a Terra é um planeta magnífico para o treinamento da alma, e que isso não se limita unicamente aos terráqueos, mas também está aberto aos seres extraterrestres, vocês não poderão deixar de amar todas as criaturas vivas. Com isso, quero dizer outros povos, independentemente de suas diferenças, junto com os animais, as plantas e a natureza em si. Se vocês aprofundarem sua compreensão do amor, e souberem que a Terra é destinada a ser o planeta do amor, tudo terá um sentido novo e maravilhoso, e vocês se aproximarão da criação de uma utopia na Terra.

P: No livro *As Leis do Sol*, aprendemos que El Cantare governou Vênus sob o nome de El Miore, e que, por meio de seus ensinamentos sobre o amor, o conhecimento, a autorreflexão e o desenvolvimento, os venusianos chegaram ao mais alto nível de desenvolvimento tecnológico e espiritual. O senhor pode nos falar mais sobre Vênus?

Croud: Sim, com muito prazer. Os seres humanos já viveram em Vênus! Vênus foi um predecessor da Terra, e, embora os seres humanos não possam mais viver em Vênus em um corpo físico devido às mudanças climáticas e outros desastres que aconteceram lá, o Mundo Espiritual venusiano ainda existe. Como o Mundo Espiritual ainda permanece em Vênus, podemos transcender o tempo e olhar para o passado por meio desse Mundo Espiritual.

Assim como a civilização na Terra passou por várias experiências e mudanças, algumas causadas por forças externas e outras internas, muitas experiências ocorreram em Vênus. No momento em que os venusianos alcançaram o mais alto nível e estavam prestes em "se formar" em seus estudos, o planeta começou a sofrer frequentes erupções vulcânicas e ficou coberto por gases de ácido sulfúrico, enquanto as temperaturas subiam muito. Finalmente, chegou a um ponto em que os seres humanos, os animais e as plantas não puderam mais viver no planeta. Naquele momento, a maior parte dos venusianos imigrou para outros planetas.

Entre os venusianos que imigraram para outros planetas, muitos depois imigraram para a Terra. De fato, alguns deles, ou seus ancestrais, já haviam estado aqui antes. É por esse motivo que existem alienígenas na Terra que são quase indistinguíveis dos terráqueos – eles ou seus ancestrais eram originários de Vênus.

Esses venusianos evoluíram até tomar forma humana, mas migraram para outros planetas e não para a Terra. Finalmente, após ver o grande progresso da civilização na Terra, alguns deles decidiram se mudar para a Terra. Existem muitos outros povos do espaço que também vieram à Terra dessa forma. Por exemplo, os alienígenas da estrela Vega, que é parte da constelação de Lira, parecem quase idênticos ao povo da Terra, e os pleiadianos igualmente são muito parecidos com os humanos caucasianos. Esses alienígenas parecidos com humanos são duas das principais raízes dos seres humanos na Terra.

Outros alienígenas que chegaram mais tarde de outros planetas usaram esses antigos venusianos como modelos e se cruzaram com os predecessores da Terra por meio de mutações genéticas, criando diferentes raças humanas.

Nas Civilizações Anteriores, o Corpo Humano Era Diferente

Croud: Além do mais, o corpo humano passou por muitas formas físicas. Houve a raça dos atlantes, a raça dos lamudianos e muitos outros seres humanos, cuja aparência em boa parte era diferente da dos humanos de hoje[14]. Também existiram tipos humanos criados como experiências. Por exemplo, houve uma época em que os humanos eram muito altos – mais de 3 metros de altura! Houve igualmente um tempo em que – como foi relatado pelo grande filósofo grego Platão em *O Banquete*, texto que é um diálogo sobre o amor – Aristófanes contou, em um encontro com outros filósofos, a respeito de humanos andróginos que já existiram na Terra. Houve seres humanos que eram ao mesmo tempo machos e fêmeas. Cada corpo tinha quatro mãos e quatro pernas, e eles coexistiram pacificamente, como uma entidade completa, durante um período nos primórdios da história.

Mas, de novo, os seres humanos se apresentaram de várias formas diferentes. Entre as civilizações que há muito tempo desapareceram, como a da Atlântida, havia humanos muito pequenos e outros gigantes. Nos últimos milhões de anos, e ainda antes, fizeram-se repetidamente muitas experiências para tentar encontrar a forma humana mais apropriada à vida na Terra. Assim

---

14. A raça lamudiana é composta pelo povo de Lamúdia, uma das antigas civilizações. Para mais informações, consulte o capítulo 5 de *As Leis do Sol*.

como os insetos têm seis pernas, as aranhas e os polvos têm oito e as lulas têm dez, os humanos podem ter sido criados com múltiplos membros. De fato, em outros planetas existem alienígenas que, como os insetos, têm seis pernas. Por meio do processo de alteração das formas humanas, pudemos finalmente chegar à forma humana atual, que foi reconhecida por todos como ideal para quem vive na Terra.

O mesmo tipo de experiência aconteceu em Vênus. No passado, os seres vivos que habitavam o planeta, e finalmente se tornaram humanos, possuíam as características das plantas. Como Vênus fica mais perto do Sol que a Terra, o planeta recebe muito mais luz solar que a Terra. Nessa experiência, os seres vivos foram projetados de maneira a criar energia a partir da luz solar, produzindo nutrientes para si mesmos por meio da assimilação do dióxido de carbono e da fotossíntese. Por fim, essa experiência acabou, e eles assumiram uma forma equivalente à forma humana atual.

Marte é outro planeta que já foi habitado por seres humanos. Hoje é inabitável por causa das mudanças climáticas, pois as temperaturas ficaram extremas demais para serem suportadas pela vida humana. Mas houve um período em que a atmosfera e a temperatura eram ideais. Naquela época, a água e o ar dos quais os homens precisam existiam em Marte. Embora faça muito tempo, é instrutivo recordar que esse período já existiu.

Por hoje, é tudo que tenho para dizer. Espero ter atendido às suas expectativas. Não acredito que, por enquanto, as pessoas possam entender isso totalmente, de forma que, por hoje, é tudo o que posso lhes revelar. Simplesmente, devo dizer que os humanos já moraram em Vênus e em Marte, e só. O final que tiveram essas civilizações, e como podemos impedir que isso aconteça na Terra, será com certeza amplamente abordado em *The Laws of the Universe* (*As Leis do Universo*). Então, espero que, com a Happy Science, todos os que aqui estiveram nos ouvindo percebam que logo, muito em breve, tudo o que é preciso saber virá à tona. No entanto, é bom que El Cantare esteja aqui agora, neste período crítico que representa um Próximo Grande Despertar, para difundir seus ensinamentos e seus próprios princípios fundamentais, baseados no amor incondicional, não somente neste país, como no mundo inteiro.

Espero que isso seja suficiente, por enquanto, e que eu tenha sido de alguma ajuda.

P: Sim, o senhor foi de grande ajuda. Muito obrigado.

"Amar é um dos mais importantes objetivos de sua disciplina espiritual; ao ter pensamentos amorosos, sua vida começa a mudar."

Love, Nurture, and Forgive (Ame, Nutra e Perdoe), pág. 24.

Capítulo 5

O DESTINO DA TERRA COMO O
PLANETA DO AMOR

---- ✵ ----

Nosso Lugar no Universo e a Manifestação de um Novo Futuro

O mundo não é aquilo que você sempre acreditou que fosse – talvez até o momento em que pegou este livro. De um lado, há a sua percepção do mundo, colorida por sua formação, sua educação – essencialmente, tudo o que você e as pessoas que o cercam aprenderam. De outro lado, há o que é objetivamente verdadeiro.

**A Percepção É uma Simples Opinião.
Não É a Realidade**

Neste capítulo, que foi extraído diretamente de meu primeiro *best-seller*, *As Leis do Sol*, que já mencionei anteriormente, eu vou lhe contar que tipo de futuro está realmente planejado para a Terra pela Inteligência Suprema. Também vou resumir para você de que maneira acredito que possamos alcançar esse lugar feliz – em outras palavras, chegar "lá" a partir "daqui" como espécie. E quero dizer não apenas como cidadãos do mundo que nós conhecemos, da Terra, mas como cidadãos do vasto universo, cujas leis estou estudando intensamente agora, um projeto que já mencionei. Se, após ler este capítulo, você se sentir ávido por aprender e entender mais sobre tudo o que eu discuti nesse último capítulo, então, por favor, leia *As Leis do Sol*, e tudo isso se tornará mais claro para você.

Assim, voltemos à nossa conversa sobre o que é real. De acordo com nossos cinco sentidos, este mundo parece sólido e real. Porém, mesmo que as lições de física nos ensinem isso, não é. Como escreveu uma vez o grande Albert Einstein: "Em relação à matéria, todos nós estávamos enganados. Aquilo a que chamamos matéria é energia, cuja vibração foi tão reduzida a ponto de só ser percebida pelos sentidos. Não existe matéria".

Então esta é a Verdade, ou muitas verdades dentro de uma verdade maior: há mundos, e seres desses mundos, que existem fora da nossa realidade. E este mundo não é o mundo real. Grande parte do que nós vemos e acreditamos é ilusão. O mundo real é o Mundo Espiritual, um mundo eterno que nunca acaba e sempre é. Ele nos rodeia completamente, e é para lá que nós vamos para começar de novo.

Além disso, nós, seres humanos, não estamos sozinhos no cosmos. "Alienígena" é apenas outra palavra para estranho, estrangeiro, forasteiro. E como aprendemos diariamente, os estranhos de hoje podem se tornar os amigos, aliados e parceiros de amanhã. É isso que nós estamos a ponto de nos tornar neste livro e no movimento Happy Science. Estamos divulgando conhecimento da Verdade. É importante reconhecer que a realidade da Verdade não depende de sua consciência dela. Contudo, é de grande e imediata importância para mim que VOCÊ, querido leitor, entenda e aceite o que é a "realidade". Ao expandir pessoalmente sua consciência em relação a tudo que nos rodeia, você pode e vai ter uma influência profunda sobre todos aqueles com os quais entrar em contato. Seu esclarecimento também vai ter, conforme crescer nosso número de adeptos, um impacto positivo no futuro deste planeta.

Em uma de suas mensagens espirituais, que me foi dada em 29 de abril de 1984, Moisés disse: "A luta na Terra ocorre como uma extensão das batalhas de nossa mente. Assim, para criar o mundo que precisamos e merecemos, devemos começar criando uma utopia dentro de cada pessoa".

Agora então vou lhe contar o que é.

O Nascimento dos Espíritos Humanos e Outras Formas de Vida

Não se sabe exatamente quando pela primeira vez os espíritos humanos tomaram forma. No entanto, o espaço tridimensional apareceu pela primeira vez em sua forma primal 40 bilhões de anos atrás. Esse acontecimento logo foi seguido pelo nascimento de corpos nebulares, galáticos e estelares. O que isso nos diz é que a primeira forma de vida foi a das estrelas, e as estrelas serviram de base para a formação de todas as outras espécies de vida. Mas para evitar uma complexidade desnecessária, vamos examinar as origens da vida apenas dentro do nosso sistema solar.

Nosso Sol nasceu como uma estrela no espaço tridimensional há cerca de 10 bilhões de anos. O primeiro dos planetas a se formar, 7 bilhões de anos atrás, foi Mercúrio, mas as condições nesse planeta o tornaram impróprio para a vida.

O início da vida em nosso sistema solar evoluiu após a formação do belo e misterioso planeta Vênus, cerca de 5,5 bilhões de anos atrás. Levou então outros 500 milhões de anos para a Nona Dimensão se manifestar dentro do sistema solar. Nessa época, um Grande Espírito foi criado – um espírito de natureza bastante desenvolvida, idealmente apto a governar as formas de vida que estavam para aparecer em Vênus. Esse Grande Espírito da Nona

O Destino da Terra como o Planeta do Amor

Dimensão era a personificação exata da consciência venusiana, e foi chamado El Miore. Ele era uma importante projeção da consciência do Deus Perfeito.

A Vida Primitiva... Uma Experiência...

A primeira forma de vida tridimensional que El Miore criou na superfície planetária de Vênus foi experimental, representando um cruzamento entre animal e planta. Sua metade superior parecia um lírio; sua metade inferior era composta de duas pernas, como aquelas de um ser humano. Nas costas da criatura havia uma densa protuberância, com um ramo de folhas que permitiam um metabolismo por meio de fotossíntese. Era uma forma de vida autossustentável, que, além disso, possuía a característica de viver bastante.

Em seguida, El Miore separou as plantas da vida animal, e deixou ambas as formas evoluírem separadamente pelos 2 bilhões de anos seguintes. Tanto as plantas como os animais que daí resultaram eram graciosos e bonitos, e bem diferentes daqueles que temos hoje aqui na Terra. As plantas exibiam flores que pareciam joias; também exalavam perfumes delicados. Os animais não eram menos maravilhosos, e alguns eram até capazes de falar.

Posteriormente, el Miore criou uma raça de venusianos que se assemelhavam bastante aos humanos que hoje estão na Terra. Por mais de 1 bilhão de anos ele se empenhou em aprimorar e refinar esses seres por muitas gerações sucessivas. Durante esse período, centenas e mesmo milhares de civilizações floresceram e se extinguiram em Vênus. Em certo ponto do final de sua evolução, a raça venusiana como um todo se tornou tão sofisticada que desenvolveu a habilidade de viajar para os planetas de outros sistemas solares.

Fisicamente, em sua forma final, os venusianos ficaram muito semelhantes na aparência externa aos seres humanos modernos, mas a inteligência deles era equivalente a um QI de mais de 300, e tanto os homens como as mulheres possuíam igualmente uma radiância celestial e reluziam numa beleza opalescente. As mulheres eram particularmente extraordinárias. Os habitantes desse planeta não exalavam apenas beleza – o paraíso que eles criaram em Vênus transbordava de amor, beleza e intelecto. Seus habitantes formavam uma sociedade idílica na qual as palavras-chave eram amor, conhecimento, autorreflexão e desenvolvimento.

Pena, essa utopia não era para durar. Quando os habitantes do planeta estavam se aproximando do estágio em que poderiam desenvolver um alto nível de maestria espiritual, uma perspectiva diferente para o futuro se tornou evidente para El Miore por meio de sua ligação com a Consciência Suprema. El Miore foi efetivamente informado pela Consciência Suprema de que, embora a experiência em Vênus tivesse sido um sucesso brilhante, tendo atingido um estado de perfeita harmonia, dali em diante seria difícil um maior desenvolvimento espiritual. A razão era que uma força maciça da natureza – especificamente, uma terrível erupção vulcânica – estava prestes a ocorrer em Vênus, tornando duvidoso que qualquer forma avançada de vida pudesse sobreviver.

O que a Consciência Suprema disse a El Miore foi que, para se salvarem, alguns dos habitantes deveriam emigrar para outros planetas com os quais eles tinham boas relações, ou potencialmente poderiam vir a ter. A Consciência também disse a El Miore que aqueles que viajassem a outros planetas provavelmente iriam encontrar populações menos avançadas, e deviam estar mais bem preparados para dar assistência ao processo evolucionário local em seus novos ambientes.

Aqueles que não emigrassem para planetas com os quais já tivessem familiaridade poderiam permanecer em um domínio espiritual especial pertencente a Vênus pelas poucas centenas de milhões de anos seguintes e trabalhar pelo estabelecimento de um grupo espiritual terrestre no planeta vizinho – a Terra.

Outra Utopia É Planejada, Desta Vez na Terra

El Miore foi instruído, junto com seu grupo espiritual, a começar mais uma vez e, com o tempo, criar outra utopia. Para auxiliar nesse processo, e ajudar a tornar a Terra um lugar perfeito para a vida animada, novos espíritos também seriam invocados em outros grupos estelares aqui e ali. Daí em diante, o progresso da Terra se tornou a principal preocupação de El Miore.

A Terra se formou há 4,6 bilhões de anos, numa época em que as experiências com a vida e o desenvolvimento da civilização já estavam bem encaminhados em Vênus. Os Três Grandes Espíritos da Terra que residem na Décima Dimensão, sob a Consciência Suprema – denominados Consciência do Grande Sol, Consciência Lunar e Consciência do planeta Terra –, ponderaram devidamente quanto às formas físicas de vida que a Terra deveria ter, e procuraram a orientação de outros sistemas estelares, assim como das experiências avançadas em Vênus.

Agindo a conselho de El Miore, esses três grandes espíritos decidiram decretar duas políticas básicas para toda a vida na Terra. A primeira política básica foi determinar diferentes níveis de desenvolvimento para as formas de vida criadas – alto e baixo, superior e inferior. A segunda política básica foi que o período de vida de todas as criaturas seria limitado, mas sujeito ao princípio da reencarnação, permitindo a todos os espíritos transmigrar entre este mundo e o mundo multidimensional.

De acordo com a primeira política, aproximadamente 3 bilhões de anos atrás organismos simples, das amebas unicelulares ao plâncton que vive no mar foram inicialmente criados na Terra como a base da vida animal. O mofo e outros tipos de fungo então apareceram cerca de 2,6 bilhões de anos atrás, como precursores da vida vegetal. Depois disso, formas de vida mais complexas começaram a aparecer pelos estágios naturais de evolução na Terra. Essas formas de vida foram evoluindo seguramente e com grande sucesso, mas na verdade todo o processo era de fato uma experiência.

Aplicando a segunda política, o passo inicial foi a criação de um mundo espiritual inferior, que mais tarde se desenvolveu no Reino Póstumo da quarta dimensão, como o conhecemos hoje. Nessa época, essa dimensão não era totalmente separada, e em uma aparência visível se assemelhava a um véu de névoa, como uma camada de nuvens em um dia com nevoeiro. As criaturas e plantas básicas da época moviam-se entre o Mundo Espiritual da quarta dimensão e a Terra através desse véu de névoa naquilo que então era uma forma simples de reencarnação. A reencarnação depois evoluiu para o processo mais complexo e rico que hoje conhecemos e compreendemos.

Por fim, cerca de 600 milhões de anos atrás, os três Grandes Espíritos da Terra determinaram que finalmente havia chegado o tempo de criar formas de vida superior no planeta. Primeiramente, eles convidaram El Miore, revigorado por sua experiência com Vênus, o mais avançado mas agora estéril planeta, para vir e residir aqui como o primeiro Grande Espírito da Terra a ter características humanas. El Miore começou sua tarefa transferindo para cá as primeiras formas de vida espiritual que ele havia criado em Vênus, aquelas combinações de plantas e animais. Então ele continuou e criou formas de vida mais complexas, sobre uma base de características mamíferas.

Qual foi exatamente o processo que ele utilizou para criar essas formas de vida mais complexas? Primeiro, ele criou uma ideia, o conceito de um animal, como um rato, um coelho, gato ou cachorro, e então criou sua forma mental no mundo espiritual inferior. Então ele progressivamente os materializou na Terra. Por esse processo, formas de vida complexas logo começaram a se desenvolver e prosperar no planeta e, ao mesmo tempo, o sistema de reencarnação ficou firmemente estabelecido. Percebendo isso, El Miore aproximou-se dos Grandes Espíritos da Terra e insistiu que era o tempo certo para a introdução da espécie humana. Os três espíritos concordaram, e aproximadamente 400 milhões de anos atrás nasceu a raça humana.

Nessa época, El Miore – como expliquei anteriormente, o antigo governante de Vênus e o primeiro ser da Nona Dimensão a pertencer ao grupo espiritual terrestre – mudou seu nome para El Cantare, nome que significa "Maravilhoso Reino de Luz, Terra". Foi o mesmo El Cantare que entrou na Terceira Dimensão (Terra) e assumiu a forma humana cerca de 2.600 anos atrás, na Índia, como Gautama Sidarta, que se tornou conhecido como Buda Sakyamuni, o fundador do budismo.

A Origem do Grupo Espiritual Terrestre

Ao criar o grupo espiritual terrestre, El Cantare agiu de acordo com os dois princípios básicos de vida estabelecidos antes pelos Três Grandes Espíritos da Décima Dimensão. Primeiramente, que os seres humanos pudessem desfrutar diferentes níveis de consciência e fossem providos de um lugar em que pudessem evoluir eternamente. Em segundo lugar, já que a vida humana seria comparativamente curta, as almas iriam transmigrar entre a Terra e o Mundo Espiritual em um ciclo infinito de reencarnações.

Tomando como base a vida espiritual altamente desenvolvida dos venusianos, El Cantare começou a criar seres humanos. Ele gerou uma enorme esfera de luz feita de compaixão e sabedoria da nona dimensão, e enviou a ela os mais desenvolvidos espíritos da raça venusiana, conferindo-lhes os poder de regeneração. Na ocasião oportuna, eles se dividiram em uma infinidade de esferas de luz menores, centenas delas, que se tornaram os Espíritos Guias de Luz da Oitava Dimensão do grupo espiritual terrestre e de algumas dimensões abaixo desse nível.

A fim de dotar os Espíritos Guias de Luz com características individuais, e de então materializá-los na Terra, El Cantare utilizou todo o poder da Nona Dimensão. Primeiro, esses novos seres apareceram em forma de sombras trêmulas e translúcidas. Com o tempo, eles gradualmente foram tomando uma forma mais humana, até que finalmente o corpo deles parecia brilhar de luz. El Cantare ficou encantado com a beleza e perfeição de sua criação.

Primeiro cinco, depois dez, depois cem, depois quinhentos deles se materializaram no ar. El Cantare dividiu-os em dois grupos, baseados nas características dos venusianos. Àqueles da sua direita, ele conferiu a luz da sabedoria e da coragem; àqueles da sua esquerda, conferiu a luz da graça e da beleza. Essa é a origem dos dois gêneros da espécie humana.

O Destino da Terra como o Planeta do Amor

Nessa época, o número de espíritos do grupo espiritual venusiano de El Cantare que residia no Mundo Espiritual da Terra e que tinha experimentado a vida na Terra havia alcançado 10 bilhões. Essa criaturas iniciais eram bem desenvolvidas, não apenas na forma física, mas também em termos espirituais. Entre esse número estavam aqueles que tornaram os deuses da Grécia antiga e os mestres do budismo. Seus descendentes corpóreos também se multiplicaram regularmente. E voltando aos espíritos venusianos, eles próprios posteriormente experimentaram a vida na Terra em forma humana – e seu número mais tarde alcançou a impressionante cifra de 770 milhões de seres humanos na Terra.

El Cantare concluiu que esses descendentes dos humanos superiores que ele havia criado deveriam experimentar as responsabilidades da liderança, e decidiu introduzir seres menos evoluídos – criaturas um pouco mais avançadas que os macacos antropoides – para que os humanos mais inteligentes e desenvolvidos os ensinassem e orientassem. Em consequência disso, ele resolveu importar, de outros planetas, seres semelhantes aos humanos. Enquanto pensava sobre o assunto, contatou três Grandes Espíritos da nona dimensão de constelações distantes para lhes pedir a opinião sobre o que ele deveria fazer. Os espíritos consultados foram Amor (que hoje conhecemos como Jesus Cristo) da constelação de Sagitário, Therabim (Confúcio) da constelação de Cisne e Moria (Moisés) da constelação de Câncer.

Foi nessa época que gigantescas formas de vida, como os dinossauros, começaram a proliferar na superfície do planeta. Sua ampla ocupação do solo trouxe certa apreensão de que eles pudessem pôr em perigo os imigrantes que haviam sido trazidos de outros planetas, uma vez que eles não estavam acostumados ao ambiente terrestre. Por essa principal razão, a raça escolhida para formar os primeiros imigrantes do espaço sideral na Terra foi um povo forte e de espírito guerreiro vindo do que conhecemos como Nuvens de Magalhães, duas nebulosas planetárias. Esse povo era combativo por natureza, além de audacioso e agressivamente independente. Seu conhecimento tecnológico também era suficientemente avançado para que eles fossem capazes de fazer a viagem até a Terra em sua própria espaçonave. Na aparência externa, esses primeiros imigrantes semelhantes aos humanos eram bastante parecidos com as pessoas de hoje, exceto por terem orelhas pontudas e caudas como as dos gatos. Essas características foram desaparecendo gradualmente durante o processo evolutivo.

O primeiro grupo de seres superiores – que haviam sido originalmente concebidos (para essa existência) e então trazidos à Terra por El Cantare, e que podem ser considerados como algo semelhante à primeira família real da Terra – trabalhou para encontrar meios de ajudar os recém-chegados das Nuvens de Magalhães a assimilar e se aclimatar às condições terrestres. Entre os novos imigrantes, porém, estava um novo grupo de seres que, embora fossem donos de um alto grau de energia de luz, comportavam-se como semideuses arrogantes e perturbaram o equilíbrio de toda a nova população da Terra. El Cantare cuidou do seu mau comportamento confinando-os no mundo do verso que ele havia criado do lado oposto do mundo da frente do Céu. Para completar, assim é que foram estabelecidos os mundos da frente e do verso da sexta, da sétima e da oitava dimensão.

Apresentação de Enlil e Lúcifer

O líder dos habitantes do mundo do verso da Nona Dimensão foi Enlil, cuja conversa compartilhei com você no capítulo anterior. Seu assistente, Lúcifer, assumiu a forma humana na Terra cerca de 120 milhões de anos atrás sob o nome de Satã. A tragédia aqui é que Lúcifer se tornou tão apegado ao *status*, reputação, posses materiais e prazeres sensuais disponíveis na Terra, que caiu em pecado. Incapaz de retornar ao mundo espiritual superior, ele fundou o Reino do Inferno em um dos planos inferiores e iniciou uma rebelião. Desde então, tem sido o governante do Inferno, e, como eu disse, tornou-se conhecido como Satã. Observando que os imigrantes das Nuvens de Magalhães estavam excessivamente autocentrados e polêmicos, El Cantare decidiu trazer outro grupo de humanos para a Terra. Assim, 270 milhões de anos atrás, 1 bilhão de pessoas chegaram da constelação de Órion em uma enorme frota de naves estelares. Novamente, essa foi a segunda imigração vinda do espaço. Por essa época, o número de espíritos no grupo espiritual venusiano de El Cantare que experimentara a vida na Terra havia alcançado 10 bilhões, portanto eles foram capazes de cuidar desse número ainda que grande de imigrantes.

Por volta dessa época, três outros grandes espíritos da Nona Dimensão, chamados Aquémenes, Orgon e Kaitron, também aproveitaram a migração para visitar a Terra. Aquémenes também é conhecido como Manu, o "pai do homem" na mitologia indiana. E Orgon, também chamado Mestre Maitrayer, foi muito ativo durante a época de Lamúdia ou Atlântida. O terceiro, Kaitron, conhecido pelos teosofistas como Koot Hoomi, está associado à ciência e à tecnologia e assumiu a forma humana duas vezes na Terra: uma vez na Grécia antiga, onde foi conhecido como Arquimedes, e mais recentemente na Grã-Bretanha, onde assumiu o nome de Isaac Newton.

Em face de um enorme influxo de almas, a Quinta Dimensão – que também é conhecida como o Reino do Bem – foi preparada e ampliada para acomodar esse influxo. Aproximadamente 150 milhões de anos atrás, a parte central da Consciência de El Cantare desceu à Terra a fim de fundar uma grande civilização de luz. Sua missão era estabelecer a Verdade global, orientando e educando assim todas as almas que tinham imigrado de outros planetas. Um grande número de imigrantes passou a acreditar em El Cantare e começou a desenvolver uma consciência comum como "terráqueos".

A Expansão do Grupo Espiritual de El Cantare

O grupo espiritual de El Cantare continuou a se expandir graças a uma repetida difração espectral no mudo espiritual superior. Aproximadamente 130 milhões de anos atrás, o número total de espíritos desse grupo ultrapassava 40 bilhões. Para celebrar, decidiu-se convidar outros 2 bilhões de pessoas para migrar para a Terra do sistema estelar de Pégaso. Durante essa migração, o nono e o décimo grandes espíritos da Nona Dimensão, Theoria e Samatria, também vieram à Terra. Theoria assumiu a forma humana na Terra por volta de 3 mil anos atrás. Conhecido como Zeus, Theoria foi mais tarde venerado como deus com esse nome na mitologia grega. O décimo espírito, Samatria, reencarnou-se na Terra por duas vezes na região hoje conhecida como Irã. Primeiro com o nome de Zoroastro e depois com o nome de Mani, tornou-se o fundador sucessivamente do Zoroastrismo e do Maniqueísmo.

Desse modo, dez grandes espíritos reuniram-se na Nona Dimensão, onde estabeleceram um sistema para a orientação de todo o grupo espiritual terrestre. Por volta dessa época, o Mundo Espiritual da Quarta Dimensão foi reservado para receber os novos migrantes que se dirigiam à Terra.

A Corrupção do Grupo Espiritual Terrestre

Como vimos, por volta de 130 milhões de anos atrás, o grupo espiritual de El Cantare havia se expandido para mais de 40 bilhões de almas no Mundo Espiritual, enquanto a população imigrante de todos os lugares do universo tinha atingido algo como 3 bilhões.

Foi então que Enlil – que é, como eu disse, um dos grandes espíritos da Nona Dimensão, embora agressivo e belicista – propôs que deveria haver um aumento ainda maior no número de espíritos vindos dos outros sistemas estelares. Ele também recomendou um treinamento espiritual mais eficiente de modo que se conseguisse que cada espírito dos relativamente adiantados imigrantes pudesse se dividir para criar cinco pessoas, que então poderiam ser enviadas, uma após outra, para viver na Terra.

Infelizmente, nem tudo saiu como fora planejado, e muitos espíritos produzidos dessa maneira ficaram com um nível espiritual mais baixo. E, por passarem a viver na Terra, tenderam a esquecer sua antiga forma de espírito, abandonando-se ao materialismo e às paixões mundanas. Esses espíritos inferiores passaram a exercer uma influência cada vez mais negativa nos espíritos moralmente íntegros. Depois que esses espíritos inferiores finalmente morreram e deixaram a Terra para o Mundo Espiritual, começaram a criar um campo próprio nas dimensões inferiores.

Grupos de pessoas com pensamentos sombrios se reuniram no Mundo Espiritual da Quarta Dimensão. Essa é a origem do Inferno. Esse foi o segundo erro pelo qual Enlil foi responsável, sendo o primeiro a ruptura que causou na época da migração original. El Cantare chamou a atenção para essa transgressão e ordenou severas punições. Mas o que foi muito pior – as consequências da rebelião de Lúcifer contra os espíritos superiores do céu 120 milhões de anos antes, que havia criado o vasto

Reino do Inferno, cobriram a Terra de nuvens escuras, formadas pela negativa energia maligna dos espíritos do Inferno, a ponto de impedir a chegada da luz de Buda (em essência, Deus), transformando a Terra em um mundo mais frio e desolado.

Isso teve grandes repercussões como, por exemplo, a essência desse mundo escuro da Quarta Dimensão penetrou em algumas áreas do mundo da Terceira Dimensão (ou seja, a Terra). Como resultado, essas áreas ficaram isoladas da luz de Buda – luz de Deus!

Nos últimos 120 milhões de anos, portanto, o Inferno tem lançado sua sombra sobre a Terra, originando toda a espécie de caos maligno. Ademais, como resultado disso, nos últimos 100 milhões de anos, os mestres dos reinos superiores têm lutado para salvar a Terra desses demônios e espírito maliciosos, liderados por Lúcifer, que continuam tentando se expandir aqui na Terra ainda mais intensa e extensivamente, a fim de escapar das agonias do Inferno.

Com essa finalidade, o próprio El Cantare tem enviado reiteradamente partes de sua consciência à Terra, para criar um sistema de treinamento poderoso na esperança de desenvolver um número maior de Espíritos Guias de Luz para curar nosso sofrido mundo por meio dos poderes da iluminação.

Escrevi meu primeiro livro *As Leis do Sol*, do qual extraí grande parte deste material, em um esforço de capacitar o Sol da Verdade a mais uma vez iluminar este mundo. Como eu já disse anteriormente, estou agora profundamente empenhado na pesquisa de um novo livro, que devo chamar de *As Leis do Universo*. Nesse livro, vou revelar e esclarecer todos os mistérios da existência que hoje nos assombram e preocupam como espécie. Também vou mostrar a você quanto essas leis são importantes. Nessa altura, creio que você terá alcançado uma total compreensão de tudo que eu lhe relatei neste livro.

Minha esperança é que você entenda por que foi necessário que eu lhe fornecesse primeiro uma descrição detalhada das origens e do grande significado do grupo espiritual terrestre. As Leis têm essa importância! Elas representam um meio de restaurar o mundo de luz original – a Terra de Buda, de Deus, da Consciência Suprema. Como tal, elas são o caminho correto pelo qual todos iremos encontrar nosso direito nato como Seres de Luz, encontrar a salvação e, por fim, nossa maneira de criar uma verdadeira utopia na Terra.

Obrigado por me ouvir. Amo você.

EPÍLOGO

---- ✳ ----

A Importância de Manter
a Mente Aberta

Este livro é cheio de informações surpreendentes, e muitos leitores podem achar difícil acreditar nestas revelações. O que você acabou de ler pode desafiar muitas de suas crenças na vida. Contudo, saiba, por favor, que não imaginei nem inventei essas coisas. Eu as recebi como mensagens espirituais, e estou compartilhando com você o que me foi dito pelos Espíritos Superiores. Foi isso que eu aprendi com essas entidades desencarnadas, sem idade. Nenhuma dessas informações possivelmente poderia ter sido obtida de outra forma, dados os níveis de conhecimento científico e tecnologia atualmente disponíveis na Terra.

    Instigado pela seriedade daquilo que está ocorrendo no planeta Terra hoje – uma doença, um flagelo, uma praga de eventos negativos que vejo reunindo poder –, vi-me compelido a comunicá-las. Quando vejo a sombra ou o lado escuro da vida avançando sobre a prática dos princípios da felicidade, nos quais fervorosamente creio e pelos quais rezo – que são o amor, o conhecimento, a autorreflexão e o desenvolvimento –, sinto a necessidade de compartilhar publicamente o que sei como um aviso às pessoas que vivem atualmente, assim como às pessoas que ainda estão por nascer.

É aí que me encontro exatamente agora. Depois de ter explorado o Mundo Espiritual por meio de mensagens espirituais, encontro-me perante mais um desafio, ou um segundo estágio na exploração do universo. O que torna isso particularmente oportuno e urgente são os incidentes recentes e documentados ocorridos na cidade de Nome, no Alasca, onde um grande número cidadãos dignos de confiança relataram surtos de perturbações do sono. Soube-se que elas não foram apenas simples perturbações do sono, como aquelas provocadas por fatores ambientais ou causas naturais. Abduções alienígenas ocorreram e ainda estão ocorrendo por lá, assim como em outras partes do país.

Compelido pela seriedade desses relatos, decidi que devia tornar público o que consegui descobrir sobre o que há por trás dessas abduções e o que esses alienígenas em particular querem com as pessoas. Por fim, desejo desco-

Epílogo

brir se eles podem se redimir pelo amor incondicional, e, se não, de que modo esses e outros futuros alienígenas transgressores podem ser efetivamente condenados ou banidos.

Suponho que não posso evitar a missão de um profeta, tanto quanto devo gostar de viver uma existência mais calma. No entanto, a fim de permitir que meus seguidores da Happy Science divulguem os ensinamentos de amor, devo pavimentar o caminho para eles. Isso significa que devo tentar ajudar você a compreender a verdade sobre o que está acontecendo por trás da cortina que chamamos de "realidade".

Este livro é sobre a verdadeira realidade, e com isso quero dizer uma verdade maior do que aquela a que temos acesso com nossos cinco limitados sentidos.

Se você ainda não está plenamente convencido de que o que podemos ver, ouvir, tocar, experimentar e sentir está muito longe de tudo o que nos rodeia; se você ainda não está certo de que os Espíritos Superiores, os Anjos Guardiães e os alienígenas de outros planetas e galáxias existem aqui na Terra, eu amavelmente o convido a ler alguns de meus outros livros, que discutem muitos desses tópicos em mais detalhes.

Também convido você a nos visitar em nosso website **www.happyscience-br.org/** e descobrir de que modo nós, como grupo e como movimento, estamos trabalhando para construir uma utopia na Terra, conduzir seus habitantes para a verdadeira Era Espacial, e abrir nosso planeta a um intercâmbio mútuo e produtivo com o vasto universo. Quando chegar o dia, nossos habitantes interplanetários serão capazes de se mostrar para nós de maneira livre, confortável e segura, de uma vez por todas.

A futura civilização pela qual nós, da Happy Science, trabalhamos só pode se tornar a cultura prevalecente no mundo se continuarmos a explorar e descobrir as verdades absolutas do Mundo Espiritual e do universo. Como prometi no decorrer deste livro, pretendo levar o tempo que for necessário para gradualmente descobrir e revelar a verdade sobre as *"Leis do Universo"*. Elas abrangem as verdades sobre a visitação alienígena, sobre a vida existente em outros planetas e sobre o significado essencial da vida na Terra – o que a Inteligência Suprema deseja para nós e de nós.

Essa é uma grande missão, eu sei, e certamente não está sendo uma tarefa fácil. Mas estou confiante de que posso e irei gradualmente revelar toda a verdade da missão de El Cantare que me foi revelada, e descobrir todos os segredos do universo que compartilhamos um com o outro e com tantos outros na vastidão do espaço.

As Verdades *supremas* estão a caminho. Permaneça conosco.

Epílogo

Com um grande amor, uma grande fé e um grande respeito por toda a vida.

Eu sou o seu El Cantare. Sou seu para sempre.

Ryuho Okawa

SOBRE O AUTOR

O mestre Ryuho Okawa começou a receber mensagens de grandes personalidades da história – Jesus, Buda e outras criaturas celestiais – em 1981. Esses seres sagrados vieram com mensagens apaixonadas e urgentes, rogando para que ele entregasse às pessoas na Terra a sabedoria divina deles. Assim se revelou o chamado para que ele se tornasse um líder espiritual e inspirasse pessoas no mundo todo com as Verdades espirituais sobre a origem da humanidade e sobre a alma, por tanto tempo ocultas. Esses diálogos desvendaram os mistérios do Céu e do Inferno e se tornaram a base sobre a qual o mestre Okawa construiu sua filosofia espiritual.

À medida que sua consciência espiritual se aprofundou, ele compreendeu que essa sabedoria continha o poder de ajudar a humanidade a superar conflitos religiosos e culturais e conduzi-la a uma era de paz e harmonia na Terra. Pouco antes de completar 30 anos, o mestre Okawa deixou de lado uma promissora carreira de negócios para se dedicar totalmente à publicação das mensagens que recebe do Céu. Desde então, até abril de 2011, ele já lançou mais de 700 livros, tornando-se um autor de grande sucesso no Japão. A universalidade da sabedoria que ele compartilha, a profundidade de sua filosofia religiosa e espiritual e a clareza e compaixão de suas mensagens continuam a atrair milhões de leitores. Além de seu trabalho contínuo como escritor, o mestre Okawa dá aulas e palestras públicas pelo mundo todo.

SOBRE A HAPPY SCIENCE

Em 1986, o mestre Ryuho Okawa fundou a Happy Science, um movimento espiritual empenhado em levar mais felicidade à humanidade pela superação de barreiras raciais, religiosas e culturais, e pelo trabalho rumo ao ideal de um mundo unido em paz e harmonia. Apoiada por seguidores que vivem de acordo com as palavras de iluminada sabedoria do mestre Okawa, a Happy Science tem crescido rapidamente desde sua fundação no Japão e hoje conta com mais de 12 milhões de membros em todo o globo, com Templos locais em Nova York, Los Angeles, São Francisco, Tóquio, Londres, Paris, Düsseldorf, Sydney, São Paulo e Seul, dentre as principais cidades. Semanalmente o mestre Okawa fala nos Templos da Happy Science e viaja pelo mundo dando palestras abertas ao público.

A Happy Science possui vários programas e serviços de apoio às comunidades locais e pessoas necessitadas, como programas educacionais pré e pós-escolares para jovens e serviços para idosos e pessoas portadoras de deficiências. Os membros também participam de atividades sociais e beneficentes, que no passado incluíram ajuda humanitária às vitimas de terremotos na China e no Japão, levantamento de fundos para uma escola na Índia e doação de mosquiteiros para hospitais em Uganda.

Programas e eventos

Os templos locais da Happy Science oferecem regularmente eventos, programas e seminários. Junte-se às nossas sessões de meditação, assista às nossas videopalestras, participe dos grupos de estudo, seminários e eventos literários. Nossos programas ajudarão você a:

- Aprofundar sua compreensão do propósito e significado da vida.
- Melhorar seus relacionamentos conforme você aprende a amar incondicionalmente.
- Aprender a tranquilizar a mente mesmo em dias estressantes, pela prática da contemplação e da meditação.
- Aprender a superar os desafios da vida e muito mais.

Sobre a Happy Science

Seminários Internacionais

Anualmente, amigos do mundo inteiro comparecem aos nossos seminários internacionais, que ocorrem em nossos templos no Japão. Todo ano são oferecidos programas diferentes sobre diversos tópicos, entre eles como melhorar relacionamentos praticando os Oito Caminhos Corretos para a iluminação e como amar a si mesmo.

Revista Happy Science

Leia os ensinamentos do mestre Okawa na revista mensal *Happy Science*, que também traz experiências de vida de membros do mundo todo, informações sobre vídeos da Happy Science, resenhas de livros etc. A revista está disponível em inglês, português, espanhol, francês, alemão, chinês, coreano e outras línguas. Edições anteriores podem ser adquiridas por encomenda. Assinaturas podem ser feitas no templo da Happy Science mais perto de você.

Contatos

Templos da Happy Science no Brasil

Para entrar em contato, visite o website da Happy Science no Brasil: http://www.happyscience-br.org/

TEMPLO MATRIZ DE SÃO PAULO
Rua Domingos de Morais, 1154,
Vila Mariana, São Paulo, SP,
CEP 04010-100.
Tel.: (11) 5088-3800 Fax: (11) 5088-3806
E-mail: sp@happy-science.org

TEMPLOS LOCAIS

SÃO PAULO
Região Sul: Rua Domingos de Morais, 1154, 1º andar,
Vila Mariana, São Paulo, SP,
CEP 04010-100.
Tel.: (11) 5574-0054 Fax: (11) 5574-8164
E-mail: sp_sul@happy-science.org

Contatos

Região Leste: Rua Fernão Tavares, 124,
Tatuapé, São Paulo, SP, CEP 03306-030.
Tel.: (11) 2295-8500 Fax: (11) 2295-8505
E-mail: sp_leste@happy-science.org

Região Oeste: Rua Grauçá, 77, Vila Sônia, São Paulo, SP,
CEP 05626-020. Tel.: (11) 3061-5400
E-mail: sp_oeste@happy-science.org

Região Norte: Rua Manuel Taveira, 72, Parada Inglesa,
São Paulo, SP, CEP 02245-050. Tel.: (11) 2939-7443
E-mail: sp_norte@happy-science.org

JUNDIAÍ
Rua Congo, 447, Jd. Bonfiglioli,
Jundiaí, SP, CEP 13207-340
Tel.: (11) 4587-5952
E-mail: jundiai@happy-science.org

RIO DE JANEIRO
Largo do Machado, 21 sala 607, Catete
Rio de Janeiro, RJ, CEP 22221-020
Tel.: (21) 3243-1475
E-mail: riodejaneiro@happy-science.org

SOROCABA
Rua Dr. Álvaro Soares, 195, sala 3, Centro,
Sorocaba, SP,
CEP 18010-190
Tel.: (15) 3232-1510
E-mail: sorocaba@happy-science.org

SANTOS
Rua Itororó, 29, Centro,
Santos, SP,
CEP 11010-070
Tel.: (13) 3219-4600
E-mail: santos@happy-science.org

Templos da Happy Science pelo Mundo

A Happy Science é uma organização com vários templos distribuídos pelo mundo. Para obter uma lista completa, visite o site internacional (em inglês):
www.happyscience.org.

Localização de alguns dos muitos templos da Happy Science no exterior:

JAPÃO
Departamento Internacional
6F 1-6-7, Togoshi, Shinagawa, Tokyo, 142-0041, Japan
Tel.: (03) 6384-5770 Fax: (03) 6384-5776
E-mail: tokyo@happy-science.org
Website: www.happy-science.jp

ESTADOS UNIDOS
Nova York
79 Franklin Street, New York, NY 10013
Tel.: 1- 212-343-7972 Fax: 1-212-343-7973
E-mail: ny@happy-science.org
Website: www.happyscience-ny.org

Los Angeles
1590 E. Del Mar Boulevard, Pasadena, CA 91106
Tel.: 1-626-395-7775 Fax: 1-626-395-7776
E-mail: la@happy-science.org
Website: www.happyscience-la.org

São Francisco
525 Clinton Street, Redwood City, CA 94062
Tel./Fax: 1-650-363-2777; E-mail: sf@happy-science.org
Website: www.happyscience-sf.org

Havaí
1221 Kapiolani Blvd, Suite 920, Honolulu
HI 96814, USA
Tel.: 1-808-537-2777
E-mail: hawaii-shoja@happy-science.org
Website: www.happyscience-hi.org

AMÉRICAS CENTRAL E DO SUL

MÉXICO
E-mail: mexico@happy-science.org
Website: www.happyscience.jp/sp

PERU
Av. Angamos Oeste, 354,
Miraflores, Lima, Perú
Tel.: 51-1-9872-2600
E-mail: peru@happy-science.org
Website: www.happyscience.jp/sp

EUROPA

INGLATERRA
3 Margaret Street, London W1W 8RE, UK

CONTATOS

Tel.: 44-20-7323-9255 Fax: 44-20-7323-9344
E-mail: eu@happy-science.org
Website: www.happyscience-eu.org

ALEMANHA
Klosterstr.112, 40211 Düsseldorf, Germany
Tel.: 49-211-9365-2470 Fax: 49-211-9365-2471
E-mail: germany@happy-science.org

FRANÇA
56 rue Fondary 75015, Paris, France
Tel.: 33-9-5040-1110 Fax: 33-9-5540-1110
E-mail: france@happy-science-fr.org
Website: www.happyscience-fr.org

Outros Livros de Ryuho Okawa

O Caminho da Felicidade:
Torne-se um Anjo na Terra

Mude Sua Vida, Mude o Mundo:
Um Guia Espiritual para Viver Agora

A Mente Inabalável:
Como Superar as Dificuldades da Vida

As Leis da Salvação:
Fé e a Sociedade Futura

As Leis do Sol:
O Caminho Rumo a El Cantare
Ensinamentos de Buda para a Nova Era

As Leis Douradas:
O Caminho para um Despertar Espiritual

As Leis da Eternidade:
Desvendando os Segredos do Mundo Espiritual

As Leis da Felicidade:
Os Quatro Princípios Que Trazem a Felicidade

Renascimento de Buda:
Uma Mensagem aos Discípulos de Vínculos Passados

O Ponto de Partida da Felicidade:
Um Guia Prático e Intuitivo para a Descoberta do Amor, da Sabedoria e da Fé

Pensamento Vencedor:
Estratégias para Transformar o Fracasso em Sucesso

Mensagens de Jesus Cristo:
A Ressurreição do Amor

Mensagens Celestiais de Masaharu Taniguchi:
Mensagem ao Povo da Terra

As Chaves da Felicidade:
10 Princípios para Manifestar a Sua Natureza Divina

Curando a Si Mesmo:
A Verdadeira Relação entre o Corpo e o Espírito

GRÁFICA PAYM
Tel. (011) 4392-3344
paym@terra.com.br